In dieser Reihe sind
bisher erschienen:

Richtig Badminton
Richtig Basketball
Richtig Fitness-Skating
Richtig Freiklettern
Richtig Fußballspielen
Richtig Golf
Richtig Golf länger und genauer
Richtig Golf rund ums Grün
Richtig Inline-Skating
Richtig Jogging
Richtig Marathon
Richtig Mountainbiken
Richtig Muskeltraining
Richtig Paragliding
Richtig Reiten
Richtig Rennradfahren
Richtig Schwimmen
Richtig Segeln
Richtig Skifahren
Richtig Snowboarding
Richtig Stretching
Richtig Taekwondo
Richtig Tanzen 1
Richtig Tanzen 2
Richtig Tanzen 3
Richtig Tauchen
Richtig Tennis
Richtig Tennistraining
Richtig Tischtennis
Richtig Walking
Richtig Yoga

BLV SPORTPRAXIS TOP

RICHTIG

Wilfried Raatz

Marathon

blv

Die Deutsche Bibliothek –
CIP-Einheitsaufnahme

Ein Titeldatensatz für diese Publikation
ist bei Der Deutschen Bibliothek erhältlich

Wilfried Raatz, Jahrgang 1948, ist Gymnasiallehrer und Fachjournalist. Der passionierte Läufer sammelte auf der Bahn (Mittelstrecke), auf der Straße, im Cross und im Berglauf umfangreiche Erfahrungen. Seit 1974 als Trainer auf mehreren Ebenen tätig, war er auch zwei Jahre Bundestrainer Marathonlauf; daneben organisiert er namhafte Veranstaltungen. Er gilt als Kenner der nationalen und internationalen Laufszene.

BLV Verlagsgesellschaft mbH
München Wien Zürich
80797 München

BLV Sportpraxis Top

Satz, Layout und DTP:
Gaby Herbrecht, München
Herstellung: Rosemarie Schmid
Lektorat: Karin Steinbach
Druck: Appl, Wemding
Bindung: Conzella, Urban Meister,
München

Gedruckt auf chlorfrei gebleichtem Papier

Printed in Germany · ISBN 3-405-15714-5

Bildnachweis

Volker Boch: S. 2, 14, 79, 90, 94
Kurt Brunbauer: S. 63
das foto team: S. 11, 42, 75, 84, 87, 89, 99, 117, 118
Theo Kiefner: S. 13, 15, 20, 46, 58, 72, 81, 85, 93, 100 (2), 101, 109, 111, 114
Werner Mansholt: S. 123
Noene: S. 53 u.
Polar: S. 41 (2)
photo affairs: S. 38, 61, 69, 71, 82, 116
Rhein-Ruhr-Foto: S. 19
Sportfoto Ortiz-Fernandez: S. 7, 8, 17, 26, 30, 36, 48, 53 o., 60, 62 u., 66, 67, 70, 105, 112
Winfried Stinn: S. 91
wus-media: S. 4, 10, 12, 21, 47, 62 o., 77, 97, 103, 115
wus-media/Nike/Siebold: S. 34/35 (11)

Grafiken: Jörg Mair

Umschlagfotos:
das foto team (Vorderseite),
H + Z Bildagentur (Rückseite)

Inhalt

Inhalt

Gut gekühlt
ist halb
gewonnen

Marathonläufer im Bankenviertel Frankfurts

Mythos Marathon

Es muss etwas dran sein, wenn Hunderttausende Jahr für Jahr und globusumspannend von Tokio bis New York, von Reykjavik bis Kapstadt die Marathondistanz bewältigen. Der radschlagende Ronaldo da Costa bleibt ebenso nachhaltig in den Köpfen wie die stark dehydrierte Gabriele Anderson-Schiess bei der olympischen Marathonpremiere in Los Angeles. Tausende von Marathongläubigen werden in London oder New York von ihrem Marathontraum abgehalten, weil die Startkontingente ausgebucht sind und die Startplätze per Verlosung vergeben werden. Sie laufen dann ersatzweise andernorts und versuchen einen der begehrten Startplätze im Folgejahr zu ergattern. Viele werden nach einem ersten Versuch »Wiederholungstäter«, andere sagen einmal und nie wieder. Was ist dran am Mythos Marathon?

Die klassische Marathonstrecke von 42,195 Kilometer ist tatsächlich eher ein Zufallsprodukt des 20. Jahrhunderts. Bei den ersten Olympischen Spielen der Neuzeit war die Streckenlänge vom Fischerdörfchen Marathon zum Panathenaischen Stadion in Athen knappe 40 Kilometer lang. Für den Sieger Spiridon Louis wurden über diese Distanz zunächst 2:55:20 Stunden festgeschrieben. Da aber die 18 Teilnehmer um dreieinhalb Minuten zu früh gestartet waren, wurde diese Differenz später hinzugerechnet. Deshalb steht in den Chroniken als Siegerzeit 2:58:50 Stunden verzeichnet. Interessant übrigens: Die Teilnehmer mussten die Strecke in einem Vorbereitungsrennen fünf Tage vor dem eigentlichen Rennen schon einmal absolvieren. Der 23-jährige Louis war dabei allerdings nur 17. geworden, daher ging er auch mit der Startnummer 17 ins olympische Marathonrennen.

Bei den Olympischen Spielen 1908 betrug die Streckenlänge in London laut Protokoll 26 Meilen und 385 Yards. Vom Start in Windsor, der auf Wunsch des englischen Königshauses direkt vor die Ostterrasse des Schlosses gelegt wurde, bis ins White-City-Stadion waren es genau 26 Meilen, zur königlichen Loge nochmals 385 Yards. Umgerechnet waren dies tatsächlich 42,195 Kilometer und nicht, wie ursprünglich angegeben, 42,263 Kilometer. Was einst ein Akt königlicher Willkür war, ist heute für Hunderttausende von Langstreckenläufern festgeschriebenes Maß aller Dinge: Diese Streckenlänge gilt als die »klassische« Marathondistanz. Sie wurde beim olympischen Marathon in London 1908 erstmals gemessen und somit ebenso zum Meilenstein der Geschichte wie der bis ins Stadion hinein führende Läufer Dorando Pietri. Das Foto mit dem völlig entkräfteten Italiener und einigen übereifrigen Kampfrichtern ist wohl eine der bekanntesten Marathonaufnahmen. Regelgerecht wurde übrigens Pietri disqualifiziert und der US-Läufer John Joseph Hayes zum Sieger erklärt.

Joan Benoit gewinnt nicht nur den traditionsreichen Boston-Marathon (1983), sondern auch den ersten Frauen-Marathon bei Olympischen Spielen (1984)

Was Baron de Coubertin als Schöpfer der Olympischen Spiele der Neuzeit bei der Wiederzulassung zunächst nur mit Zögern zugestand, sollte für die Entwicklung des Langstreckenlaufes zum Wegweiser werden. Läufe über lange Distanzen haben die Geschichtsschreiber schon immer bewegt. War es einst der Bote, der vom Schlachtfeld in Marathon nach Athen lief, um den Sieg zu verkünden, oder Schnellläufer wie im 19. Jahrhundert die beiden Hessen Peter Bajus und Valentin Görich, die zum Amüsement der Zuschauer als professionelle Unterhalter mit Schnellläufen begeisterten, oder die Heroen junger Tage – Marathon hat die Massen schon zu allen Zeiten begeistert.

Wenn heute Veranstaltungen wie der über 17 Kilometer und eine Höhendifferenz von 1310 Meter führende Drei-Zinnen-Marathon im Südtiroler Sexten oder der Swiss Alpine Marathon in Davos über inzwischen 78,5 Kilometer und eine Höhendifferenz von 2300 Meter »Marathon« genannt werden, dann dürfte der Begriff mehrheitlich für eine außergewöhnliche Belastung, für ein Spektakel besonderer Güte stehen. Mithin ein Beleg dafür, dass ein Marathon nicht immer 42,195 Kilometer lang sein muss.

Ein besonderes Kapitel der Leichtathletik sind die Frauen und der Marathon. Kathrine Switzer schrieb vor 33 Jahren ein Stück Marathongeschichte. Nicht nur in Boston, sondern weltweit war Marathon Männersache. Frauen durften erstmals 1960 bei den Olympischen Spielen in Rom eine längere Strecke als die bislang ausgetragenen 100 Meter und 200 Meter laufen, nämlich ausgerechnet die mörderische 800-Meter-Distanz. Längere Distanzen waren verpönt. Die US-Läuferin zeigte sich vom Diktat der (fast durchweg männlichen) Funktionäre nicht eingeschüchtert und meldete sich, vom »Virus« Marathon infiziert, für den Boston-Marathon 1967 unter dem unverfänglichen Namen K. Switzer. Bei einem Handgemenge mit ihrem Bodyguard landete der Organisator im Straßengraben. Kathy setzte sich durch und erreichte seinerzeit das Ziel, auch mit der Idee, in der Konsequenz von Boston selbst Frauenläufe zu organisieren. Zwei

Träume erfüllten sich für Kathrine Switzer: 1974 gewann sie den New-York-Marathon, und 1984 stand erstmals Frauen-Marathon im olympischen Programm von Los Angeles. Die Entwicklung des Frauen-Marathon ist freilich nicht allein mit dem Namen Switzer verbunden, sondern in erster Linie mit dem Waldnieler Landarzt Ernst van Aaken, der in den sechziger Jahren bereits die These vertrat, Frauen seien für Langstrecken relativ besser geeignet als Männer, und in seiner Heimat 1973 den ersten reinen Frauen-Marathon organisierte.
Marathon zieht viele in seinen Bann, Jugendliche gleichermaßen wie Menschen im zweiten oder dritten Lebensabschnitt, Männer wie Frauen. Einst hatte die tschechische Lauflegende Emil Zatopek sein vielzitiertes »Vogel fliegt, Fisch schwimmt, Mensch läuft« formuliert und damit die Argumentation dafür geliefert, dass der Mensch zum Laufen geboren sei.
Hier die Jagd nach immer neuen Höchstleistungen, gefährdet durch gesellschaftliche Anerkennung, Kommerzialisierung, Manipulation, politische Ideologien, dort das Streben nach Ausgleich, Gesundheit und Fitness, nach Wohlbefinden und der körperlichen Herausforderung zugleich. Laufen ist mehr als nur eine Verknüpfung von Organleistungen und Willensstärke. Laufen ist für viele Menschen an der Schwelle zum 21. Jahrhundert zum Lebensinhalt geworden.

Startimpressionen beim Hamburg-Marathon in St. Pauli

Vom Jogging zum Marathonlaufen

Laufen ist für den Menschen die natürlichste Sache der Welt. Über die Motorik beim Krabbeln entwickeln Kleinkinder beim Aufrechtstehen das Gefühl für die Balance, ehe die ersten Laufschritte getan werden. Wenn die Umgangssprache den Begriff laufen »lernen« verwendet, dann ist das schlichtweg falsch, denn das Bewegungsprogramm ist genetisch vorgegeben, nur den zielgerichteten Einsatz der Muskeln lernen die Kleinkinder. Auch wenn immer mehr die Fernbedienung des Fernsehgerätes oder des Videorekorders bzw. das Gaspedal die Bewegung diktiert, das ursprünglichste Fortbewegungsinstrument sind die Beine. An der Schwelle zum 21. Jahrhundert hat sich unsere Gesellschaft zu einer bewegungsarmen Wohlstandsgesellschaft verändert; die in der Folge auftretenden Zivilisationserkrankungen sind das Ergebnis unserer veränderten Lebensgewohnheiten.

Über Einsteiger, Umsteiger, Spätberufene

Laufen ist ein natürlicher Bewegungsablauf, Ausdauer die Grundlage vieler Sportarten. Weder komplizierte technische Abläufe noch Hilfsgeräte oder Übungsräume sind notwendig, um ein »Läufchen« zu machen. Die Trainingsstätte liegt vor der Haustüre, auf der Straße, im Park, in Feld oder Wald. Laufen ist weder von der Tageszeit noch von den klimatischen

Die große Marathon-Herausforderung vor imposanter Kulisse: der Jungfrau-Marathon im Berner Oberland

Bedingungen abhängig und im Prinzip praktizierter Umweltschutz. Nicht umsonst achten Laufveranstalter in besonders sensiblen Gebirgslandschaften darauf, dass die Sportler die Umwelt sauber zurücklassen und mit der Bahn anreisen.
Die Gründe, weshalb Laufen gesundheitszuträglich ist, liegen auf der Hand. Oftmals fehlt lediglich der Anstoß, bevor der erste Schritt getan wird. Doch, jeder Anfang ist bekanntlich mühsam. Frühere Erfolge im Laufen bzw. anderen Sportarten sind »Schnee von gestern«, Wiedereinsteiger werden bei null anfangen müssen. Schließlich muss der Körper erst wieder an die veränderten Energieprozesse, Muskulatur, Sehnen und Gelenke an die neue Form der Belastung gewöhnt werden. Dabei ist Geduld gefragt. Wer ein Ausdauertraining beginnt, wird sich langsam steigern können. Es geht immer weiter treppauf, Pausen allerdings inbegriffen. Wichtig ist für Einsteiger, das angestrebte Ziel nicht aus den Augen zu verlieren. Der beste Einstieg gelingt zumeist in der Gruppe, die moralisch stärkt, wenn man das Gefühl hat, auf der Stelle zu treten.
»Irgendwann musst du Marathon laufen«, so könnte ein Credo lauten, das jedem ambitionierten Jogger ins Stammbuch geschrieben werden kann. Schluss und aus mit den Lauftreffs und dem »Nur-so-vor-sich-hin-Traben«! Zunächst die zaghaften Schnupperkurse bei Volksläufen, später ein erster Halbmarathon, ehe die große Herausforderung heranreift: Marathon. Dann beginnt die

Gute Gründe für das Laufen

- weil es herzkreislaufstärkend wirkt
- weil es kostengünstig und wenig zeitaufwendig ist
- weil es ganzjährig möglich ist
- weil es altersunabhängig möglich ist
- weil es überall ausgeübt werden kann
- weil es umweltschonend ist
- weil es kommunikativ und entspannend ist
- weil es das Immunsystem stärkt
- weil es in der Rehabilitation ein kostengünstiges Mittel ist
- weil es Spaß macht

Ausreichende Getränkeaufnahme ist einer der Schlüssel für einen erfolgreichen Marathon

Vom Jogging zum Marathonlaufen

Marathon – ein Gruppenerlebnis

langfristig angelegte Planung, denn Marathon laufen heißt zuerst einmal: ankommen!

Mit Jogging unter Gesundheitsaspekten im Familien- oder Freundeskreis beginnt am Ende des 20. Jahrhunderts oftmals eine Marathonkarriere. Stressabbau, Senkung des Cholesterinspiegels, Blutdrucksenkung, erhöhte Fettverbrennung, das mögen die ersten Beweggründe für ein geregeltes Joggen sein. Das einst vom Deutschen Sportbund propagierte »Laufen ohne Schnaufen« oder die Anwei-

Wie wirkt sich Laufen auf unseren Körper aus?	
Blut	Senkung von schädlichem LDL-Cholesterin, Steigerung von schützendem HDL-Cholesterin, Regulierung des Blutzuckerspiegels
Gelenke	beweglicher, verringerte Degeneration
Gewicht	Aktivierung des Fettstoffwechsels, stabile Gewichtsreduzierung, erhöhter Leistungsumsatz
Herz	Volumenzunahme, Verringerung des Ruhe- und Arbeitspulses, bessere Koronardurchblutung
Immunsystem	erhöhte Infektabwehr, weniger Erkältungskrankheiten
Kreislaufsystem	Kapillarisierung, verbesserter Sauerstoff- und Nährstofftransport, höhere Elastizität der Gefäße, verringertes Thrombose- und Arteriosklerose-Risiko, verringerter Blutdruck, geringere Blutdruckzunahme im Alter
Lungen	vermehrte Kapillarisierung und Atemökonomie
Magen-Darm-Trakt	verbesserte Verdauung
Muskulatur	ausdauerleistungsfähiger, straffere Struktur
Skelett	höhere Dichte und Festigkeit der Knochen
Lebensgefühl	Ausgeglichenheit, mentale Stärke, vermehrte Stressresistenz, gesteigerte Leistungsfähigkeit, Lustgewinn
Altern	Verlangsamung der Alterungsprozesse, höhere Lebensqualität

Sightseeing-Tour: die Alte Oper in Frankfurt

Die Laufhierarchie

Gelegenheitsläufer
Sporadische Laufeinsätze bis 20 km/Woche (1–2-mal/Woche)

Hobbyläufer 1. Ordnung
Regelmäßiger Lauftreffbesuch oder Treff mit Freunden/Arbeitskollegen, sportärztlicher Gesundheitscheck, 20–30 km/Woche (2–3-mal/Woche).

Hobbyläufer 2. Ordnung
Regelmäßiges Laufen im Verein oder Lauftreff, Training unter Anleitung, gelegentliche Wettkampfambitionen, sportärztlicher Gesundheitscheck, 30–50 km/Woche (3–4-mal/Woche)

Ambitionierte Läufer
Regelmäßige Wettkämpfe, regelmäßiges Training unter Anleitung, Teilnahme an Meisterschaften auf unterer Ebene, Temposteuerung durch Leistungsdiagnostik (1–2-mal jährlich) 50–80 km/Woche (4–6-mal/Woche)

Leistungssportler
Wettkampfterminkalender, Rahmentrainingsplan (Periodisierung/Zyklisierung) und Training unter Anleitung, Teilnahme an Meisterschaften, Leistungsdiagnostik zur Leistungssteigerung, Trainingslager, Einbau von regenerativen Trainingselementen, Zusatzernährung, ab 80 km/Woche (6–8-mal/Woche)

Über Einsteiger, Umsteiger, Spätberufene

An der Außenalster in Hamburg

sung »Puls 130« haben dem Bewegungs- und Gesundheitsbedürfnis der Bevölkerung hierzulande Rechnung getragen und der Lauf- und Fitnessbewegung zu einem unerwarteten Boom verholfen. Doch es liegt wohlweislich im Naturell des Menschen – das Streben nach dem Schneller, Höher, Weiter. Und länger: Auch im Laufbereich bekommt es zwangsläufig seine Gültigkeit.
Der Übergang vom Gelegenheitsjogging zum geregelten Lauftraining und Marathonlaufen ist gewiss fließend, die Konsequenzen daraus sind jedoch gravierend. Beat Villiger, der renommierte Schweizer Mediziner und Rennarzt des Swiss Alpine Marathon in Davos, brachte seine Einstellung zum Marathon auf den Punkt: »Gesund ist das Training und nicht der Marathonwettkampf an sich!« Und warnte vor leichtsinnigen Experimenten, denn Marathonlaufen ist kein Kinderspiel, sondern setzt ein systematisches Training voraus.
Die Leistungssteigerungen und die damit einhergehenden körperlichen Anpassungen sind anfänglich frappierend. Von der maximalen Sauerstoffaufnahmefähigkeit über die Verringerung des Ruhe- und Belastungspulses bis hin zur verbesserten Infektabwehr und der mentalen Stärke, der Bogen spannt sich über viele Bereiche.
Laufen ist auch keine Frage des Alters. Getreu dem Motto »Man muss die Jahre mit Leben füllen und nicht dem Leben Jahre hinzufügen« ist die sportliche Ausdauerbetätigung die beste Lebensversicherung. Es geht gewiss nicht darum, in höherem Alter noch nach Rekorden zu jagen, sondern allein darum, fit zu bleiben. Für die Wissenschaftler beginnt ab dem 45. Lebensjahr die Phase der »Rückbildung«, im Ausdauersport sinkt nach umfassenden Studien die Ausdauerleistung ab dem 40. Lebensjahr. Deshalb ist es wichtig, die »Rückbildung« auf ein Mindestmaß zu beschränken – und regelmäßig ein angemessenes Ausdauertraining zu betreiben. Nicht jede ältere Dame ist so fit wie die 83-jährige Frieda Liedtke beim Berlin-Marathon, nicht jeder ältere Herr so leistungsfähig wie Arthur Lambert mit 75, wie Alfred Althaus oder Josef Galia mit 90. Sie alle leb(t)en in dem Bewusstsein, dass Muskeln, Sehnen, Bänder und Gelenke keinen extremen Schnelligkeitsbelastungen über einen längeren Zeitraum mehr standhalten, die Ausdauerleistung aber nur geringfügig nachlässt. Herzfrequenz und Erholungsfähigkeit verändern sich mit den Generationen, so ist der Ruhepuls höher, der Belastungspuls geringer und die Erholungszeit länger.
Eine Auswahl kommerziell angebotener Trainingsprogramme und empfehlenswerter Fachzeitschriften für den Ein- und Umsteiger finden Sie im Anhang ab S. 122.

Marathontraining

Gemeinsam zum Erfolg – Schnappschuss beim Berlin-Marathon

Jede Leistungsanforderung, egal ob bei körperlicher Arbeit oder im Training mit geringer oder erheblicher Intensität, bedeutet für alle Zellen im Organismus ein Mehr an Stoffwechselvorgängen. Der Abbau von Kohlenhydrat- und Fettverbindungen liefert dem geforderten Körper die nötige Energie. Die Nachbelastungsphase ist für den Organismus notwendig, um die soeben entleerten Speicher wieder aufzufüllen. Durch Training wird der Körper praktisch an eine regelmäßige, erhöhte Belastung angepasst. Während bei Kraft- und Schnelligkeitstraining vordergründig der Stoffwechsel der Muskelzellen trainiert wird, geht beim Lauftraining auch eine Optimierung des Herz-Kreislauf-Systems mit einher.
Neben den verbesserten Stoffwechselbedingungen reagiert der Körper auch mit morphologischen Veränderungen. Belastungen und Ruhephasen sind für den leistungsorientierten Läufer ein Muss, sie sollten im Gleichklang stehen. Jede Trainingseinheit muss sich »setzen«, damit sie den erwarteten Effekt bringt. Bei zu häufigen aufeinander folgenden Belastungen lässt die Leistungsfähigkeit nach; das Stadium des Übertrainings ist begleitet von Appetitlosigkeit, Schlafstörungen, Gewichtsverringerung und allgemeiner Lustlosigkeit.

Das Herz-Kreislauf-System

Die aerobe Kapazität (Sauerstoffbereitstellung) des Körpers wird durch Lauftraining positiv beeinflusst, damit für den erhöhten Energiebedarf mehr Sauerstoff pro Minute zur Verfügung steht. Durch das Training wird der Herzmuskel gekräftigt und kann mehr Blut pro Zeiteinheit in die Arterien befördern. Infolge des erhöhten Schlagvolumens sinkt die Herzfrequenz, ohne dass die ausgestoßene Blutmenge vermindert wird. Durch die Neubildung kleiner Blutgefäße wird die Muskulatur außerdem besser versorgt, als dies bei Untrainierten der Fall ist. Die Fließeigenschaften des Blutes verbessern sich, sodass Läufer einen vergleichsweise geringeren Blutdruck haben können. Regelmäßiges Lauftraining beeinflusst auch die Hormonausschüttung: Deshalb sind Läufer seltener gestresst.
Beim Energieverbrauch werden Kohlenhydrate (Glukose) abgebaut, da-

Unter Wissenschaftlern ist die Effektivität des Nasenpflasters umstritten, in Berlin lief jedenfalls der Brasilianer Ronaldo da Costa 1998 mit 2:06:05 Stunden eine neue Marathon-Weltbestzeit

mit fällt Milchsäure (Laktat) als Stoffwechselzwischenprodukt an. Die Konzentration hängt von der Menge an Sauerstoff ab, die dem Muskel für seine Arbeit zur Verfügung steht, und von der Fähigkeit des Organismus, die angefallene Menge wieder umzuwandeln. Je höher das Sauerstoffangebot, desto geringer die Laktatbildung. Der Laktatspiegel ist ein Gradmesser für die Belastungsintensität des Körpers. Er ist jedoch von Läufer zu Läufer unterschiedlich.
Für den Marathonläufer ist es wichtig, möglichst wenig Milchsäure zu bilden, da eine zu hohe Konzentration den Fettstoffwechsel und damit auch die Ausdauerleistungsfähigkeit behindert. Hohe Laktatspiegel bewirken eine Übersäuerung, die zur Geschwindigkeitsminderung führt.

Marathonläufer aller Leistungsbereiche werden in die Situation von »laktazider Energiebereitstellung« in der Regel kaum kommen. Bei zunehmender Belastungsdauer und damit deutlich verringerter Geschwindigkeit überwiegt die aerobe Energiebereitstellung, der Körper befindet sich im »Steady-state-Zustand«. Bei diesem Gleichgewichtszustand wird die erforderliche Menge an Glukose und Fettsäuren unter Einsatz von ausreichendem Sauerstoff direkt zu Stoffwechselendprodukten abgebaut, da sich bei langen Strecken kaum Zwischenprodukte (wie etwa Laktat) ansammeln. Daher sind den Ausdauerleistungen späte Grenzen gesetzt.
Ein weiteres limitierendes Maß im Ausdauerbereich ist die maximale Sauerstoffaufnahmefähigkeit. Darunter ist die Sauerstoffmenge zu verstehen, die ein Läufer pro Minute über die Lungen aufnehmen kann. Je höher sie ist, desto später setzt die Übersäuerung ein. Bei Untrainierten liegt die maximale Sauerstoffaufnahme bei 45 Milliliter pro Minute und Kilogramm Körpergewicht, während sie bei Freizeitläufern bei 60 Millilitern liegt.

Ohne Atmung läuft nichts

So manche Theorien über Atemtechniken wurden niedergeschrieben und befolgt. Tatsache ist jedoch, dass sich der Körper bei einem erhöhten Sauerstoffbedarf auf eine verstärkte Atmung einstellt. Besonders wichtig ist die Ausatmung – sie sollte kräftig sein. Hier gilt als Faustformel: Je kräftiger ein Läufer ausatmet, desto kräftiger kann er wiederum einatmen. Im Gegensatz zum Herzen vergrößert sich das Volumen der Lungen bei Ausdauersportlern nicht, sondern allein die Lungenkapazität verändert sich.

Vor allem sollte die Atmung durch Mund und Nase erfolgen, damit die optimale Menge eingeatmet werden kann. Denn je unvollständiger die Sauerstoffzufuhr ist, desto geringer wird die Leistungsfähigkeit sein. Nicht zuletzt sind Nasenpflaster ein Renner. Untersuchungen bestätigen zwar keine messbaren Unterschiede, aber dafür eine subjektive Verbesserung der Nasenatmung.

Nicht die Brustatmung ist die effektivste, sondern die Bauchatmung, bei der das Zwerchfell eine maßgebliche Rolle spielt. Sie lässt sich trainieren, indem bewusst »in den Bauch hinein« geatmet wird. Übrigens: Ein Gespräch beim Ausdauertraining verrät Wohlbefinden; je schneller die Trainingseinheit, desto eher verstummen die Gespräche mit den Mitläufern.

Frau läuft!

Frauen fordern immer mehr ihren Platz in der Sport treibenden Bevölkerung, und Frauenläufe bekunden das gestiegene Selbstwertgefühl. Aber warum getrennt laufen, wenn es gemeinsam mehr Spaß macht und die Moral stärkt? Die Leistungsunterschiede der Geschlechter verwischen mit zunehmender Streckenlänge und längerer sportlicher Belastung. Frauen sollen jedoch beachten, dass aufgrund der Menstruation Leistungsunterschiede bis zu 20% möglich sind. Vor Eintritt der Regelblutung kann die Leistungsfähigkeit abnehmen, da das prämenstruelle Syndrom zu Wassereinlagerung und dadurch bedingter Gewichtszunahme führt.

Viele leistungsorientierte Läuferinnen haben keine (Amenorrhö), nur gelegentliche (Oligomenorrhö) bzw. eine unregelmäßige Menstruation. Das

Charlotte Teske auf dem Weg zu ihrem größten Erfolg: Sieg beim Boston-Marathon 1982

regelmäßige Laufen kann dafür die Ursache sein. Untersuchungen zeigen, dass der Stresshormonspiegel bei intensivem Training hormonelle Veränderungen im Bereich der Hirnanhangdrüse hervorruft, die in der weiteren Folge zu einer Hemmung der Geschlechtshormonausschüttung führen. Dadurch kommt es fatalerweise zu einer verminderten Mineraleinlagerung und damit zu einer zunehmenden Entkalkung der Knochen mit dem Krankheitsbild der Osteoporose.
Mit einem Vorurteil sollte allerdings aufgeräumt werden: Die bei zahlreichen ambitionierten Läuferinnen vorkommenden Essstörungen sind nicht durch das Laufen bedingt, sondern bereits vorhandene Verhaltensstörungen.

Unterschiedliche Ansätze des Lauftrainings

Lauftraining kann abwechslungsreich sein – das hängt freilich von der Experimentierfreudigkeit und der Kreativität des Läufers bzw. des Trainers oder des Lauftreffleiters ab. Ein effektives Lauftraining zeichnet sich durch Variationen mit Dauerläufen unterschiedlicher Intensität und Länge, Intervalltraining, Hügeltraining, Alternativtraining und trainingsbegleitenden Maßnahmen wie Laufkoordination, Dehnungs- und Kräftigungstraining aus.

Marathonvorbereitung mit Maß und Ziel

Zeitraum	Schwerpunkte
2–3 Wochen	allgemeiner Trainingsaufbau, Kondition, Athletik, Kraftausdauer
4–6 Wochen	Grundlagenausdauer (GA/KA)
3–4 Wochen	Spezieller Trainingsaufbau (GA/Tempoläufe)
2–3 Wochen	Wettkampfspezifische Ausdauer

Ausdauertraining

Die Ausdauer des Läufers bildet den Grundstock der individuellen Leistungsfähigkeit. Sie wird ergänzt durch die Komponenten Kraftausdauer (KA), Schnelligkeit bzw. Schnelligkeitsausdauer sowie Koordination und Beweglichkeit (siehe dazu auch Kapitel »Laufen ist mehr als nur Laufen«, S. 29 ff.).
Die Ausdauerleistungsfähigkeit lässt sich in einen aeroben (unter Verbrennung von Sauerstoff) und in einen geringeren anaeroben (ohne Verbrennung von Sauerstoff) Anteil gliedern. Eine reine Form der Energiegewinnung ist beim Marathonlauf nicht gegeben, sondern es liegt stets ein Mischstoffwechsel mit naturgemäß weitaus größeren aeroben Anteilen vor. Hierbei ist die Energieversorgung des Organismus am besten; bei einer anaeroben Energiegewinnung werden die bereitstehenden Kohlen-

Tipp: Das Grundtempo kann nicht langsam genug sein, schließlich geht es hier nicht darum, Tempohärte zu entwickeln, sondern den Körper an lange, gleichförmige Belastungen zu gewöhnen.

hydrate nur zum Teil genutzt, es entsteht das Zwischenprodukt Laktat. Durch das Messen dieser Laktatkonzentration lässt sich feststellen, wie die Energiebereitstellung bei einer bestimmten Belastung erfolgt. Bei einer Laktatkonzentration unter 2 Millimol/Liter wurde bislang die Laufbelastung als aerob, über 4 Millimol/Liter als anaerob bezeichnet. Im anhaltenden Sportmedizinerstreit bezüglich der Zuordnungen besteht immerhin darin Einigkeit, dass die bislang gültigen Leistungsschwellen bei jedem Läufer individuell verschieden sind und durch einen Laktattest individuell festgestellt werden sollten. Wenn hier an diesen Eckwerten festgehalten wird, dann allenfalls zum Zwecke einer besseren Veranschaulichung.

Ausdauer in der Praxis

Dauerläufe unterschiedlicher Länge bei geringer Intensität sind das A und O des Ausdauertrainings. In der Marathonvorbereitung spielt der lange Dauerlauf, verschiedentlich auch »Long Jog« genannt, eine zentrale Rolle. Die Länge beträgt dabei 2–3 Stunden bzw. 20–30 Kilometer. Dieser lange Dauerlauf hat neben dem Muskeltraining auch den Effekt der Fettverbrennung. Mit Freunden gemeinsam wird er zum Gruppenerlebnis, zum Plauschlauf. Allerdings ist zu warnen vor übereifrigen Laufkollegen mit stetiger Temposteigerung, denn sie sind entweder deutlich stärker und verführen zu unangemessener Inten-

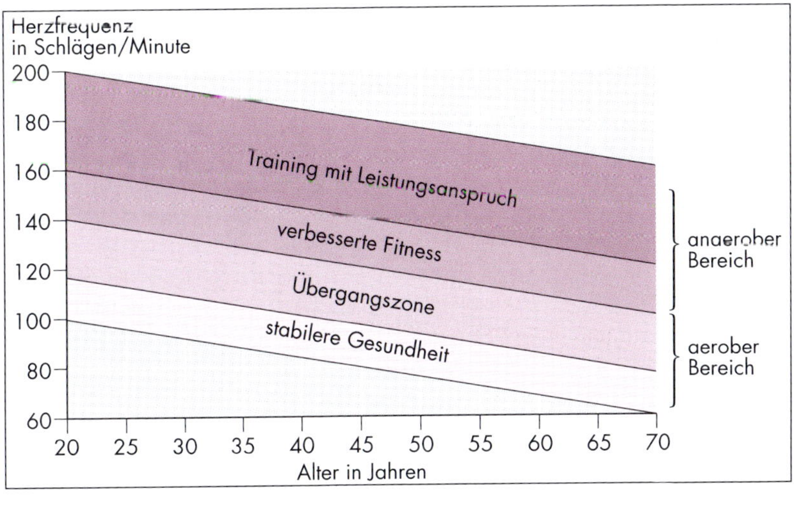

Die Herzfrequenz in Abhängigkeit von Alter und Belastung

Ausdauer – die Unterschiede auf einen Blick	
Allgemeine Ausdauer	Die Ausdauerfähigkeit ist das Fundament für alle Sportarten, insbesondere natürlich für die Ausdauersportarten. Die Trainingswissenschaft unterscheidet hierbei beim Grundlagenausdauertraining zwei Bereiche, die Grundlagenausdauer 1 (GA 1) und 2 (GA 2). Die wettkampfspezifische Ausdauer sichert die maximale Geschwindigkeit über die Wettkampfstrecke.
Grundlagenausdauer GA 1	Der Körper stellt sich durch längere Dauerläufe (DL) auf eine stabile und ökonomische Energiebereitstellung ein. Die Dauerlaufgeschwindigkeiten liegen unterhalb oder im Bereich der aeroben Schwelle. Auch in anderen Sportarten oder als Alternativtraining möglich. Weitere Bezeichnungen: regenerativer DL, extensiver DL, intensiver DL.
Grundlagenausdauer GA 2	Im Gegensatz zum rein aeroben Stoffwechsel wird hier auch ein aerob-anaerober Stoffwechsel durchgeführt, d. h., der Körper lernt, mit einer gewissen Laktattoleranz zu leben. Wichtig für die Entwicklung der Ausdauer. Weitere Bezeichnungen: intensiver DL, Tempodauerlauf (TDL), Tempoläufe, Intervall-DL.
Wettkampfspezifische Ausdauer WA	Durch spezielle Anforderungen im Training wird die Wettkampfsituation simuliert und Teilstrecken im (92–100 %) oder über dem angestrebten Wettkampftempo (100–110 %) gelaufen. Weitere Bezeichnungen: Tempoläufe, Intervall-DL.
Schnelligkeitsausdauer	Die Schnelligkeitsausdauer wird im Marathonbereich nur als Geschwindigkeitsreserve für einen erfolgreichen Endspurt benötigt und kann für unsere Zielgruppe vernachlässigt werden.

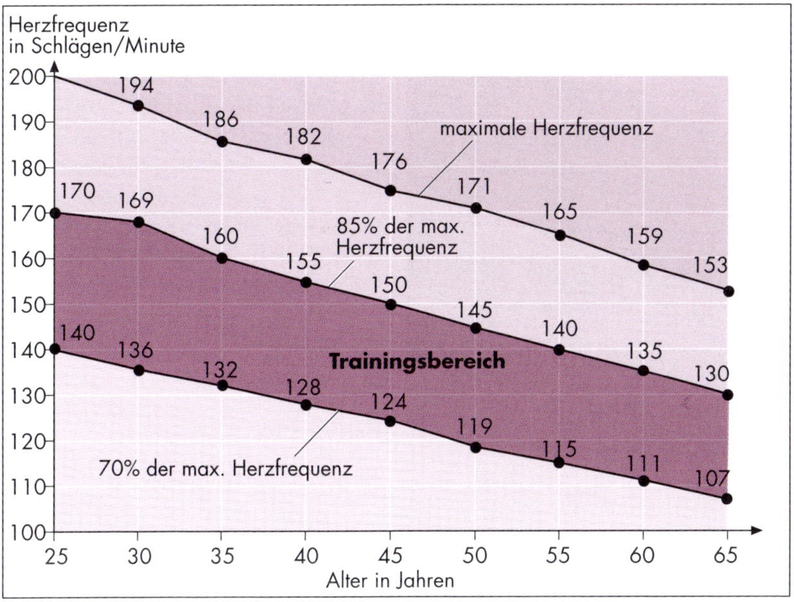

Der Ausdauertrainingsbereich

sität oder haben ein besonders ausgeprägtes Geltungsbedürfnis. Das Tempo sollte deutlich unter der angestrebten Marathongeschwindigkeit, die Herzfrequenz (Hf) im Bereich von 70 Prozent der maximalen Frequenz liegen. Das gilt natürlich auch für Läufer mit zunehmendem Alter (siehe Abb. oben).

Eine Spielart des Ausdauertrainings ist der Tempodauerlauf, auch »intensiver Dauerlauf« genannt. Für eine Dauer von 15–45 Minuten wird dabei ein Tempo gelaufen, das über dem des Marathons liegt. Auch ein Splitting in beispielsweise 2 x 20 Minuten ist möglich und lässt ein höheres Grundtempo zu. Eingebettet ist der Tempodauerlauf dabei in eine Ein- und Auslaufphase. Ähnlich wie beim Intervalltraining wird mit dieser Trainingsform der Ermüdungswiderstand geschult, allerdings bei nur geringer Übersäuerung. Wird die Strecke bzw. die Dauer zu lang gewählt, mindert sich der Effekt, da die aerob-anaerobe Schwelle kaum erreicht wird.

Eine weitere Trainingsvariante ist das Laufen im Bereich des persönlichen Marathontempos. Schließlich geht es am Tag X darum, das angeschlagene Kilometer-Tempo 42-mal am Stück zu laufen. Aus diesem Grund ist es wichtig, das Tempo von Beginn an »richtig zu treffen«. Trainingsläufe im Marathontempo können je nach Trainingszustand zunächst über 5 Kilometer, später über 10 und 15 Kilometer und letztlich gar über 20 Kilometer einge-

Die Kraftausdauer spielt gerade im hügeligen Gelände eine wichtige Rolle

übt werden. Natürlich eignet sich für diese Übung auch ein kleiner Wettkampf, der allerdings viel Disziplin erfordert. Durch den Renncharakter wird nämlich das Tempo meist nicht richtig getroffen, und aus dem Test im Marathontempo wird im Handumdrehen ein schneller Tempolauf.
Auch ist das Hügeltraining eignet sich als Variante. Hier steht die Förderung der Kraftausdauer und Schnelligkeit im Vordergrund. Außerdem ist es eine gute Möglichkeit, den Laufstil mit gezieltem Armeinsatz und Kniehub zu verbessern. Die Streckenlängen sollten nicht länger als 300 Meter sein und eine mäßige Steigung (5–10 Prozent) aufweisen. Wichtig ist dabei das lockere Traben zwischen den einzelnen Hügelläufen. Für die Erholung ist zu beachten, dass beim Bergauflauf der Stütz- und Bewegungsapparat in ungewohnter Weise beansprucht wird (Zug auf Wadenmuskulatur und Achillessehne), während bergab führende Strecken eine hohe Beanspruchung der vorderen Oberschenkelmuskulatur und der Kniegelenke bedeuten.

Intervalltraining

Hier sind den Kombinationskünsten des Läufers fast keine Grenzen gesetzt. Tempo, Anzahl der Wiederholungen bzw. Pausen und Streckenlänge sind zu beachten. Natürlich spielt auch der Untergrund eine wichtige Rolle. Für einen ambitionierten Freizeitläufer wird das Trainingsgelände in seltenen Fällen die Bahn sein, viel eher der Wald oder die Straße.
Im Vordergrund des Intervalltrainings steht die Verbesserung der Widerstandsfähigkeit des Körpers gegen Ermüdung bei hoher Sauerstoffschuld. Der Körper lernt mit einem schnellen Tempo umzugehen, das beim Marathonlauf nicht vorkommt, nicht einmal beim schnelleren Start. Intervalltraining ist nichts für Laufanfänger, sondern nur für ambitionierte Läufer mit der entsprechenden Ausdauergrundlage geeignet. In der Phase der Grundlagenausdauer GA 1 hat diese Trainingsform nichts zu suchen, eher in der Grundlagenausdauer GA 2 nach einem stabilen Aufbau.

Entwicklung/Stabilisierung der Grundlagenausdauer			
Bezeichnung	Definition/Ziel	Methoden/Intensität	Praxishinweise
Grundlagen-ausdauer (GA 1)	aerobes/extensives Grundlagen-ausdauer-training Erhöhung der aeroben Fähigkeiten	Dauerlaufmethode Fahrtspielmethode Geschwindigkeit im Bereich der aeroben Schwelle (2 mmol), Hf zwischen 120 und 150 Schlägen/Min. Regeneration/Kompen-sation Energiebereitstellung: Kohlenhydrat- und Fett-stoffwechsel (abhängig von Dauer/Geschwin-digkeit)	längere Stre-cken (unter 45 Minuten kaum Trainingseffekt, nur zur Regene-ration) Auch mit ande-ren Sportarten oder Alterna-tiven möglich (Rad, Ski, Ski-roller, Inline-Skates, Aqua-Jogging)
Grundlagen-ausdauer (GA 2)	aerob-anaero-bes/intensives Grundlagen-ausdauer-training Erhöhung der aeroben/anaeroben Fähigkeiten	Dauerlaufmethode Fahrtspielmethode Intervallmethode Geschwindigkeiten im aeroben/anaeroben Bereich (2–5 mmol), Hf 80–90% des Maxi-malwertes Energiebereitstellung: Kohlenhydrat- und Fett-stoffwechsel bzw. anaerob-laktazider Be-reich (über 3 mmol)	höhere Ge-schwindigkeiten bis Wettkampf-ausdauerfähig-keiten
Wettkampf-spezifische Ausdauer (WA)	Entwicklung der wettkampf-spezifischen Fähigkeiten	Intervallmethode Wiederholungsläufe Geschwindigkeiten im anaeroben Bereich (über 5 mmol), Hf über 90% des Maximalwertes	hohe Geschwin-digkeiten, die auch über der Marathonge-schwindigkeit liegen können

Mischformen

Um das Training effektiv aufzubauen, sollten verschiedene Trainingsteile im Verhältnis 3/5 zu 1/5 zu 1/5 gemischt werden. Drei Trainingseinheiten bewegen sich im Bereich GA 1 und GA 2, die meiste Zeit davon allerdings im GA-1-Bereich. Ein Fünftel der Trainingszeit sollte Reize setzen, um die Geschwindigkeit im oder leicht über dem Bereich der anaeroben Schwelle (der Körper ist mit einer Sauerstoffschuld konfrontiert) zu trainieren. Hier können Wiederholungsläufe und Intervallläufe eingeplant werden. Ein Fünftel ist der Regeneration, also dem Bereich GA 1, vorbehalten.

Häufigkeit

Hand aufs Herz: Beruf und Familie lassen oftmals nicht den Spielraum für das eigene sportliche Anliegen. Kompromisse werden in allen Lebenssituationen zu schließen sein. Das gilt natürlich auch für das Lauftraining. Wie häufig? Zu welcher Tageszeit? Mit diesen Fragen dürfte sich jeder Läufer ernsthaft auseinander zu setzen haben. Vor dem Arbeitsbeginn, wenn die Kinder in der Schule sind, oder am Abend, nach getaner Arbeit… Den Varianten sind kaum Grenzen gegeben.
Wenn es freilich nicht zu einem ausgiebigen Feierabendlauf reicht, wie wäre es mit Trainingssplitting? Es mag zwar aufwendiger sein (Umziehen, Duschen), aber nicht minder effektiv, vielleicht sogar von größerem Nutzen, wenn auch wissenschaftlich nicht belegt. Morgendliches Joggen dient der Entspannung, zur Entmüdung oder sogar als Stimulans für bestimmte berufliche Aufgaben. Und es ist eine ideale Vorbereitung für eine intensive Trainingseinheit in den Abendstunden. Eines jedenfalls ist unbestritten: Eine Aufteilung des Trainingsumfanges vermindert die Belastung auf den Stütz- und Bewegungsapparat – und sorgt für die erwünschte Aktivierung des Stoffwechsels im so genannten »Nachbrenneffekt«.

Laufen ist mehr als nur Laufen

Natürlich ist Laufen in erster Linie eine Frage der Ausdauer. Je besser die Ausdauer, desto länger kann der Körper der Ermüdung widerstehen, desto besser ist aber auch die Erholung nach einer Belastung. Neben dem Laufen zählen Radfahren, Skilanglauf, Schwimmen, Bergsteigen und Wandern zu den klassischen Ausdauersportarten, natürlich auch einige Trendsportarten, etwa Inline-Skaten oder Power-Walking.
Je komplexer der Bewegungsablauf und je umfangreicher die Leistungsanforderungen in Training und Wettkampf, desto wichtiger werden die einzelnen Teilkomponenten des Bewegungsablaufes. Gemäß dem Ganzheitsprinzip ist es für den Läufer wichtig, mit ergänzenden Übungen das muskuläre Gleichgewicht wieder herzustellen. Leistungsfähigkeit bedeutet Ausdauer, Beweglichkeit, Koordination, Kraft und Schnelligkeit als konditionelle Grundfaktoren, daneben bestimmte psychische Eigenschaften und taktische Fähigkeiten. Eine exakte prozentuale Zuordnung am Gesamttraining ist allerdings nicht möglich, da für jeden einzelnen Läufer andere Voraussetzungen gegeben sind. Aber es gibt Grundregeln, die auch für den ambitionierten Marathonläufer gelten sollten.
Sie werden in den folgenden Unterkapiteln erläutert.

Technik

Es ist schon paradox: Nachdem wir einige Lebensjahre damit verbracht haben, laufen zu lernen, stellt sich nun die Frage, warum Sport treibende Menschen in einem bestimmten Lebensabschnitt erneut das Laufen »lernen« sollen. Als Perfektionisten bekannt, mäkeln wir an fast jedem

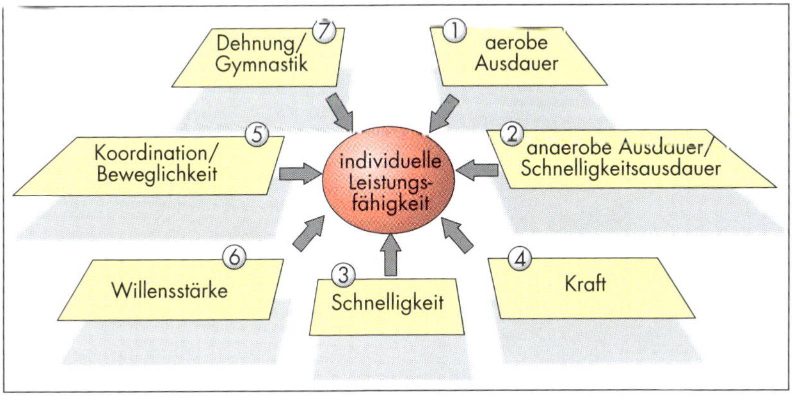

Bestimmungsfaktoren der individuellen Leistungsfähigkeit

Bewegungsablauf, anstelle dem Menschen jene Freiheit zu geben, die entsprechend seiner genetischen Vorgaben den Bewegungsablauf gestaltet. Stattdessen pressen wir die Sportler in eine Zwangsjacke und drücken ihnen einen »idealen« Bewegungsablauf auf, der nach neuesten wissenschaftlichen Erkenntnissen ökonomisch ist. Ist das für das Leben wirklich erforderlich?
Die mehr und mehr den Laufbereich dominierenden Afrikaner scheren sich wenig um eine ausgefeilte Technik und Laufökonomie, laufen und überspringen Hindernisse nach ihrem persönlichen Naturell – und siegen zumeist. Technik und Taktik sind den Frontläufern zumeist Fremdwörter, sie lächeln ob der Bemühungen der Weißen.

Laufstudie am Weißhorn bei Arosa

Bleiben wir jedoch beim ökonomischen Ansatz. Eine gute Lauftechnik sorgt nämlich für die Balance zwischen Anstrengung und Laufleistung. Die Belastungen für Muskeln, Sehnen und Bänder sowie Gelenke werden reduziert, das Zusammenspiel zwischen den einzelnen Muskelgruppen und der maßvolle Krafteinsatz werden optimiert. Den perfekten Laufstil gibt es jedoch nicht, aber den individuellen, den ökonomisch sinnvollsten gemäß den anatomischen Gegebenheiten.
Optimales Laufen zeichnet sich durch eine harmonische Bewegungsfolge aus. Zu einer guten Lauftechnik tragen alle Elemente bei, mit denen bei jedem Beinabstoß der Körperschwerpunkt (etwa in Beckenhöhe) optimal getroffen und dabei möglichst weit vorwärts bewegt wird. Der Kopf ist geradeaus gerichtet, der Blick in etwa 5–10 Meter Entfernung auf den Boden gerichtet. Die Schultern bleiben bei der Laufbewegung relativ ruhig, die Arme pendeln locker und parallel zum Körper. Die Ellenbogen sind etwa im rechten Winkel gebeugt, die Hände entspannt und locker. Der Oberkörper hat eine geringe Vorlage, das Becken ist gekippt, sodass sich eine Gerade mit geringer Neigung zwischen Becken, Oberkörper und Kopf ergibt.

Unterschiedliche Laufstile im Vergleich

Ferse oder Ballen?

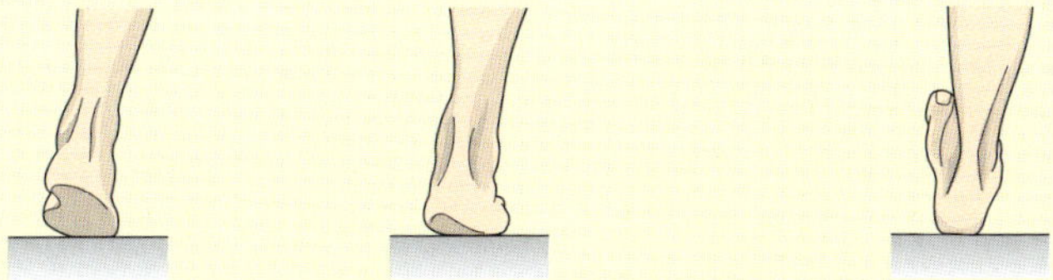

Vorfußlauf Mittelfußlauf Fersenlauf

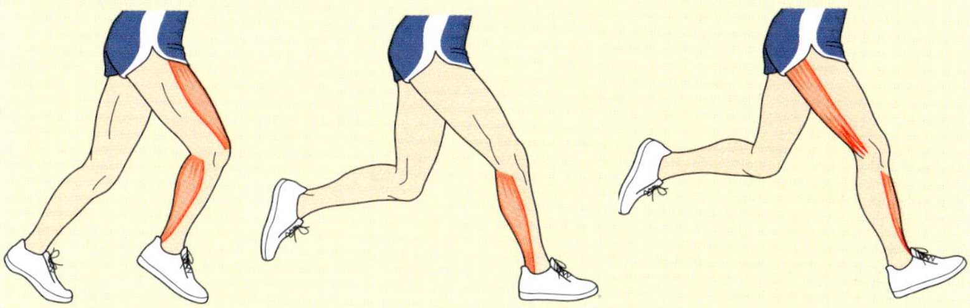

Vorfußlauf

25% aller Langstreckenläufer kommen mit dem Mittel- oder Vorderfuß auf. In der Regel ist diese Lauftechnik im Sprintbereich (Kurz-/Langsprint) anzutreffen.

Der Ballen trifft zuerst auf den Boden auf. Vorfußrand, Achillessehne und Wadenmuskulatur werden besonders belastet.

Mittelfußlauf

Ist ein Kompromiss zwischen Vorfuß- und Fersenlauf und wird vorrangig bei Mittel- und Langstrecklern anzutreffen sein. Hierbei wird zunächst mit dem äußeren Fußrand aufgesetzt bzw. über den Fußrand anstelle über das Großzehengrundgelenk abgerollt (Fuß knickt nach außen/Subination).

Fersenlauf

Die am weitesten verbreitete Technik im Langstreckenlauf: Die Läufer kommen zuerst mit dem Fersenaußenrand auf, anschließend wird der Mittelfußbereich um die Längsachse gedreht. Gleichzeitig kommt es zu einer Pronation, d. h., der Fuß knickt nach innen.

Hauptfehler bei der Lauftechnik		
Problemfeld	Fehler/Folgen	Maßnahme/Korrekturhilfe
Armführung	Arme werden quer zur Laufrichtung vor dem Oberkörper geführt (Rotation)	Hilfsmittel wie kleine Holzstücke in der geballten Hand führen und das Hauptaugenmerk auf die Armführung richten
Oberkörperlage	Oberkörper zu stark nach vorne geneigt; selten: Rücklage	bewusstes Aufrichten (Beckenlage!), ggf. Bergaufläufe mit sauberer Armführung
Beckenlage	Becken nach hinten gekippt, der Läufer »sitzt« (dadurch vernachlässigte Streckung in der Abdruckphase); Becken nach vorne gekippt (Hohlkreuz)	bewusstes Aufrichten des Beckens in Laufrichtung, ggf. Bergaufläufe
Schrittlänge	große Schrittfrequenz bei geringem Raumgewinn führt zu früher Ermüdung (meist im Einklang mit rascher Armführung)	bewusstes Verlangsamen der Armführung, verstärktes Vorschwingen der Unterschenkel, auf Raumgewinn bei Schrittfrequenz achten
Fußstellung	Aufsetzen der Füße nach außen, selten nach innen (Folge: unökonomischer Abdruck)	auf parallele Fußstellung achten, ggf. auf Markierung bzw. rechts und links neben Markierung aufsetzen

Der Laufrhythmus gliedert sich in Abdruckphase, Flugphase und Landephase mit einem fließenden Übergang in die nächste Abdruckphase. Die gegenläufige Bewegung beispielsweise des linken Armes und des rechten Beines stabilisiert den Körper und verhindert eine Rotation im Beckenbereich. Unter orthopädischen Gesichtspunkten lässt sich durch das Aufsetzen des Fußes der Vorfußläufer vom Mittelfußläufer und vom Fersenläufer unterscheiden, unabhängig von der Laufgeschwindigkeit (siehe S. 31).

Koordination

Beim Marathonlaufen dreht sich fast alles um die vorhandene bzw. nicht vorhandene Energie. Und damit um

Minimal-Koordinationsprogramm	
Bezeichnung	Ausführung
Fußgelenklauf	ruhige Frequenz, elastischer, aktiver Abdruck aus dem Fußgelenk heraus mit betonter Hüftstreckung
Kniehebelauf	ruhige Frequenz, geringe Schrittlänge mit unterschiedlich hohem Kniehub, Hüft-, Knie- und Fußgelenk des Abdruckbeines werden vollständig gestreckt, keine Vor- oder Rücklage des Oberkörpers
Skipping	Steigerung der Frequenz, geringe Schrittlänge, Kniehub zunächst gering, allmählich vergrößern bis 90°-Beugung des Knies, keine Vor- oder Rücklage des Oberkörpers
Anfersen	ruhige Frequenz, später steigernd, Anfersen gegen das Gesäß
Aufbauende Übungen	Treppenläufe, Hügelanläufe, Steigerungen mit unterschiedlicher Frequenz bzw. Schrittlänge und Sprungläufe nach dem oben beschriebenen Grundmuster anschließen

Achtung: Aus dem Koordinationsprogramm keine Kraftausdauerbelastungen werden lassen!

die Frage: Wie lässt sich Energie so effektiv wie möglich einsetzen? Der Laufstil wird letztlich auch zum »Energiesparmodell«, wenn alle überflüssigen, also nicht in den Vortrieb mündenden Körperbewegungen weitgehend ausgeschaltet werden können. Auf einen Nenner gebracht heißt dies, Körperrotation ebenso zu vermeiden wie unrhythmische Auf- und Abwärtsbewegungen. Laufkoordination ist das Schlüsselwort zu einer ökonomischen Laufweise.
Eines vorweg: Gezieltes koordinatives Training ist nur sinnvoll an Tagen mit geringen Trainingsbelastungen. Ambitionierte Marathonläufer sollten an einen Trainingstag mit einem regenerativen Lauf ein Koordinationsprogramm (maximale Dauer 15–20 Minuten) anschließen.

Dehnung

Wie wäre es mit einem kleines Dehnungs-ABC nach dem Training? Für viele Marathonläufer ist dies weniger eine Frage der Fähigkeit oder der gebotenen Möglichkeit, sondern eher eine Frage der Bequemlichkeit. Ein Minimalprogramm mit zehn praktischen Dehnübungen dauert zehn Minuten und erreicht möglichst viele Muskelgruppen. Wenn das geregelte Lauftraining einer Kür gleichkommt, dann ist das sich anschließende Dehnungsprogramm eher Pflicht. Mit dem Vorteil, dass es keine Haltungsnoten gibt – aber auch keinen Beifall. Diesen können Sie sich selbst geben, wenn Sie allen Widrigkeiten zum Trotz »ihre« Dehnungsübungen durchführen. Die Grundübungen stellen nur eine

Kleines Dehnungs-ABC für Marathonläufer

Dehnung 1:
Vordere Oberschenkelmuskulatur
Funktion: Kniestreckung, Hüftbeugung. Die Ferse dabei gegen das Gesäß ziehen und das Becken vorschieben.

Dehnung 4:
Vordere Hüftmuskulatur
Funktion: Hüftbeugung, Stabilisierung der Lendenwirbelsäule. Die Hüfte wird dabei nach vorne abwärts gedrückt.

Dehnung 2:
Hintere Oberschenkelmuskulatur
Funktion: Senken des Fußes, Anheben des inneren Fußrandes, Kniebeugung. Die Ferse auf den Boden drücken, Körper gleichmäßig nach vorne beugen.

Dehnung 5:
Innere Hüftmuskulatur
Funktion: Heranführen des Oberschenkels. Das Becken wird dabei schräg nach unten geschoben.

Dehnung 3:
Hintere Hüftmuskulatur
Funktion: Kniebeugung, Hüftstreckung, Dehnung des Unterschenkels bei gebeugtem Knie. Bei gestrecktem Knie den Oberkörper nach vorne neigen.

Dehnung 6: Hintere Hüftmuskulatur

Funktion: Hüftstreckung, Außen- und Innenrotation des Oberschenkels, Abspreizen des Oberschenkels, Beckenstabilisation. Der Oberkörper wird dabei nach vorne geneigt.

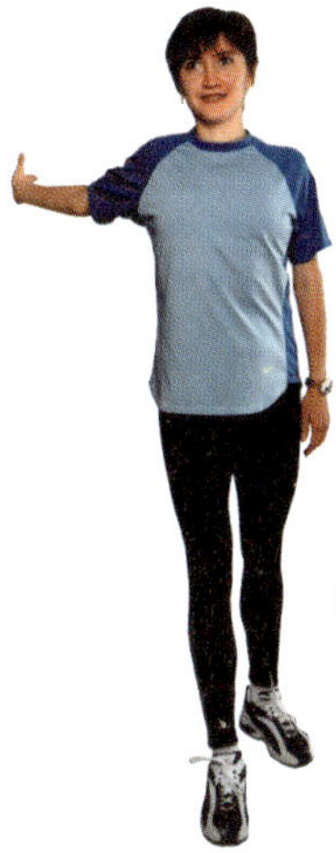

Dehnung 9: Brustmuskulatur

Funktion: Heranführen des Armes, Innenrotation des Oberarmes. Die Ferse wird dabei auf den Boden gedrückt und der Körper gleichmäßig nach vorne geneigt.

Dehnung 7: Rückenmuskulatur

Funktion: Streckung der Wirbelsäule, Seitneigung und Dehnung der Wirbelsäule, Stabilisierung der Wirbelsäule. Durch Strecken der Knie wird der Rundrücken verstärkt.

Dehnung 10a und 10b: Schultergürtelmuskulatur

Funktion: Heben des Schultergürtels, Schulterblattfixation, Stabilisierung der Halswirbelsäule, Unterstützung der Einatmung. Der Kopf wird zur Gegenseite geneigt, der Arm nach unten gezogen.

Dehnung 8: Seitliche Rumpfmuskulatur

Funktion: Seitneigung des Rumpfes, Rumpfstabilisierung und Streckung der Lendenwirbelsäule, Stabilisierung des Beckens, Abspreizung des Oberschenkels. Die Hüfte wird dabei seitwärts geschoben, der Rumpf gleichzeitig zur Gegenseite.

Großstadtflair beim Frankfurt-Marathon

Anregung für die Leistungsentwicklung im Ausdauerbereich dar. Da beim Laufen eine Vielzahl unterschiedlicher Muskelgruppen beansprucht wird, ist es unerlässlich, auch Übungen für die Bewegungsmuskulatur (z. B. Fußstrecker, Kniestrecker, Hüftbeuger, Hüftstrecker) sowie für die Haltemuskulatur (Bauch- und Rückenmuskulatur) zur Verbesserung der Kraftausdauer zu absolvieren. Dabei gilt als Faustregel: Dehnen vor Kräftigen!

Kräftigung

Als Ausdauerläufer benötigt man keine dicken Muskelpakete – die meisten wären ohnehin nur hinderlich. Eine kräftige Halte- und Stützmuskulatur stabilisiert allerdings den Laufrhythmus. Je älter der Marathonläufer ist, desto mehr gewinnt die Kräftigung der Bewegungsmuskulatur an Bedeutung. Ab 40 nimmt sowohl die Maximalkraft als auch die

Kraft-Circuit für Marathonläufer		
Bezeichnung	Zielorientierung/Ausführung	Übungen
Treppenläufe	Stärkung der Fuß-, Bein- und Rumpfmuskulatur: aufrechte Kopf- und Oberkörperhaltung, vollständige Streckung im Sprungbein (Fuß- und Hüftstreckung)	Wiederholungsläufe in geringer, mittlerer und hoher Geschwindigkeit auf Stufen im Stadion, auf Treppe, auf einer Stufe bzw. einem flachen Kastenteil mit kurzem Kontakttritt
Sprungläufe	Stärkung der Fuß-, Bein- und Rumpfmuskulatur: aufrechte Oberkörperhaltung, vollständige Streckung im Sprungbein (Fuß- und Hüftstreckung)	Sprungläufe mit zunächst geringer, später erhöhter Sprungfolge auf flacher Strecke (Rasen, Waldweg oder Gymnastikmatte), für Fortgeschrittene auf Strecke mit Steigung
Steps	Stärkung der Unterschenkelvorderseite, Stabilisation der Abrollbewegung des Fußes	kurze, elastische Sprünge aus dem Fußgelenk, einbeinig oder beidbeinig möglich
Hürden-/Hindernissprünge	Stärkung wie oben, zusätzlich Bauch- und Hüftmuskulatur	Hocksprünge über Hürden bzw. besser Baumstämme mit geringer Höhe, auch als Schrittkombination möglich
Läufe auf tiefem Untergrund (Rasen, Wiese, abgeerntetes Feld, Strand)	Stärkung der Fuß- und Wadenmuskulatur	barfuß oder mit Schuhen, als lockere Läufe, Steigerungs- und/oder Koordinationsläufe
Laufen auf Weichboden	Stärkung der Fuß- und Wadenmuskulatur, Kniehub	Kniehebeläufe mit unterschiedlicher Frequenz
Sprints gegen Gummiseil bzw. -band	Stärkung der Arm- und Beinmuskulatur	mit Partner, Baum oder anderen Gegenständen; Sprints gegen den Widerstand, variabler Zug
Kraftgymnastik	Kräftigung der Rücken- und Bauchmuskulatur	Vierfüßerstand mit diagonal gehobenen bzw. aufgestützten Armen und Beinen; Seitenarmstütz mit Gewicht auf abgestütztem Unterarm und Fußrand bei Streckung des Rumpfes, Variante mit gespreiztem oberen Bein; in Rückenlage mit angewinkelten Knien werden die Handflächen gegen die Knieinnenseiten gedrückt und der Oberkörper leicht angehoben (kein Hohlkreuz!)

Schnellkraft rapide ab. Am besten lässt sich die Kraftausdauer erhalten. Sie ist letztlich für den Marathonläufer im vorangeschrittenen Alter bedeutsam.
Ein vielseitiges Krafttraining mit koordinativen Elementen sollte ein wichtiger Bestandteil des ganzjährigen Fitnessstrebens sein. Dem Kräftigungsprogramm werden ein leichtes Einlaufen über 15–30 Minuten und Dehnungsübungen vorangestellt.
Wer ein Kräftigungsprogramm im Fitnessstudio bevorzugt, für den könnte ein Circuittraining (Kreistraining mit 2–3-minütiger Pause zwischen den einzelnen Stationen, siehe S. 37) geeignet sein.

Zum Laufen geboren: Die mexikanischen Tarahumara benötigen für ihre langen Läufe in schwierigem Gelände keine Hightech-Schuhe, sondern begnügen sich mit selbst gefertigten Sandalen aus alten Autoreifen

Gezieltes Training – der Schlüssel zum Erfolg

Wer nicht blauäugig das Unternehmen Marathon angehen möchte, und das sollte im Prinzip auf jeden der Teilnehmer in Berlin, Hamburg, Frankfurt oder Köln, in Steinfurt, Karlsruhe oder in Oberschimmelwoog zutreffen, der sollte einige Grundüberlegungen anstellen. Die Kardinalfrage ist dabei: Wie gesund bin ich? Bin ich überhaupt belastungsfähig? Selbst für den Freizeitläufer sollte die Antwort ein Sportmediziner nach einer eingehenden Untersuchung geben. Erst dann wird klar, welche Ziele ein Trainingsplan aufweisen kann.

Leistungsdiagnostik

Nach den Einschnitten im Gesundheitswesen kosten allgemeine Untersuchungen (orthopädisch, internistisch), Belastungs-EKG und Leistungsdiagnostik entweder eine Pauschale (ca. 300 DM), oder sie werden einzeln abgerechnet. Ein Eingangscheck kostet ca. 150 DM, eine Blutanalyse ca. 40 DM, ein Laktattest auf dem Laufband ca. 100 DM.
Damit kann eigentlich nichts gegen eine regelmäßige Kontrolluntersuchung und damit gegen einen regelmäßigen Dialog mit seiner eigenen Gesundheit sprechen. Mit etwas Erfahrung lässt sich zwar der Trainingszustand aus Trainings- und Wettkampfleistungen abschätzen, allerdings ist das eine überaus vage Angelegenheit.
Diverse Leistungstests unterscheiden sich sowohl hinsichtlich des technischen Aufwands als auch der Aussagekraft und des Informationsgehalts.
Der Zwölf-Minuten-Lauf ist ein einfacher Ausdauertest, der Hinweise auf eine mögliche 15-Kilometer- oder Halbmarathonzeit gibt. Der von dem Amerikaner Kenneth H. Cooper initiierte Fitnesstest ist einer der ältesten und bekanntesten. Von einem Zwölf-Minuten-Laufresultat auf eine mögliche Marathonzeit hochzurechnen, bringt jedoch eine Ungenauigkeit in größeren Dimensionen (10%) mit sich.
Etwas aufwendiger ist der Conconi-Test, der von dem italienischen Biochemiker Francesco Conconi entwickelt wurde. Er fand heraus, dass sich die Herzfrequenz (Hf) zuerst linear zur Belastung verhält, bei hohen Belastungen aber nur noch leicht ansteigt. Der sich bei einer graphischen Darstellung ergebene Knick auf der Geraden der Pulswerte fällt mit der anaeroben Schwelle zusammen (siehe Abb. S. 40).
Bei diesem Testverfahren steigert der Läufer alle 200 Meter seine Geschwindigkeit bis zur Erschöpfung. Mittels der registrierten Herzfrequenzen kann die anaerobe Schwelle festgelegt werden. Die Ergebnisse wur-

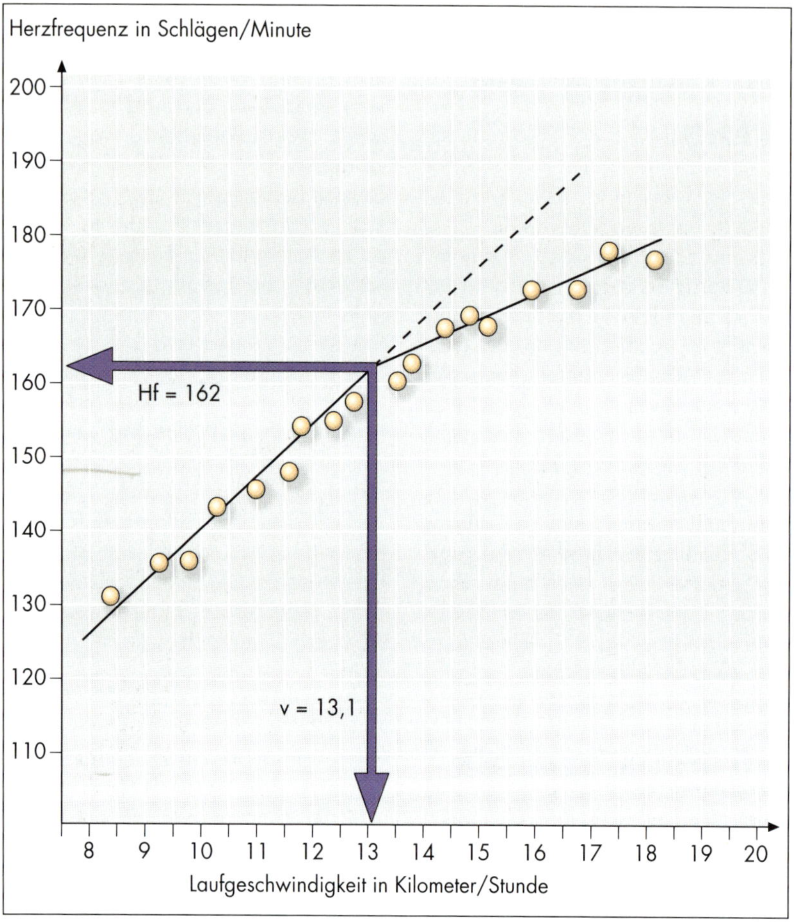

Beispiel eines Conconi-Tests: Eine Gerade wird in die aufgetragenen Wertepaare (Lauftempo und Herzfrequenz) gelegt, der Abknickpunkt wird als anaerobe Schwelle bezeichnet

den allerdings auch vielseitig kritisiert. So beträgt beim ständigen Wechsel der Geschwindigkeit die Dauer des Intervalls weniger als eine Minute, sodass das Herz sich nicht mehr auf eine höhere Frequenz einpendeln kann. Außerdem provoziert jeder Geschwindigkeitswechsel anfangs eine anaerobe Phase.

Auch die laktatgesteuerte Leistungsdiagnostik ist eine Methode, die eine individuelle Trainingssteuerung ermöglicht. Diese einst verbreitete Steuerungsmethode wird mehr und mehr kombiniert mit der Herzfrequenz bzw. von der praktikableren herzfrequenzgesteuerten Trainingsplanung abgelöst.

Trainingssteuerung mittels Puls

Die Herzfrequenz ist das A und O der Belastungsbeanspruchung. Sie ist genetisch festgelegt und kann durch Training nur in engen Grenzen beeinflusst werden. Mit zunehmendem Alter nimmt die Herzfrequenz ab.

Die Abb. auf der linken Seite zeigt auch, wie eng Belastungsbeanspruchung und Herzfrequenz in Zusammenhang stehen. Vor wenigen Jahren noch als Geheimnis ausgefuchster Trainer gehandelt, ist die Herzfrequenz heute Taktgeber jedes ambitionierten Trainingsplanes. Anfang der 1980er Jahre wurde das erste kabellose Herzfrequenz-Messgerät entwickelt und damit ein neues Zeitalter der Belastungssteuerung eingeleitet. Herzfrequenz-Messgeräte ermöglichen ein kontrolliertes, leistungsorientiertes Training und verhindern Über- wie auch Unterforderung in Training und Wettkampf. Doch Vorsicht, selbst eine Tasse Kaffee oder beruflicher wie privater Stress kann die »Konstante« leicht verändern. Selbst die Vorstart-Herzfrequenz, die unmittelbar vor einer Belastung gemessen wird, kann sich um 20–40 Schläge/Minute erhöhen. Der Übergang zur Belastungs-Herzfrequenz wird dadurch erleichtert.

Die Herzfrequenz ist einfach zu bestimmen, ihre Erfassung ist »unblutig« und sogar während der Belastung möglich. Das Herzfrequenzverhalten in Ruhe, bei Belastung und Erholung zeigt bestimmte Beziehungen zur Belastungsintensität, zum Belastungsumfang, zur Leistungsfähigkeit des Herz-Kreislauf-Systems und zur Ausdauerleistungsfähigkeit.

Alles unter Kontrolle: Als Drehzahlmesser für den Organismus nehmen die Herzfrequenz-Messgeräte als modische Armbanduhr (oben) und die computergestützte Auswertung (unten) einen immer breiteren Raum ein

Nach kurzer Einstimmung hat sich unser Herz auf die Erfordernisse der muskulären Arbeit eingestellt. Die Belastung läuft praktisch im Steady-state-Bereich ab, d. h., Sauerstoffaufnahme und Sauerstoffbedarf entsprechen sich. Die Herzfrequenz folgt dann der Belastung in einem linearen Anstieg bis zu einer Frequenz von ca. 170–180 Schlägen/Minute. Dieser Wert ist allerdings abhängig vom Trainings- und Lebensalter. Anschließend kann bei Messungen eine Abflachung registriert werden, die inzwischen nicht nur bei Leistungssportlern zur Trainingssteuerung herangezogen wird. Die Zahl der Freizeit- und Hobbyläufer, die über eine Pulssteuerung trainieren, nimmt von Jahr zu Jahr weiter zu. Längst deckt ein breit gefächertes Angebot auf dem Sektor der Pulsuhren nahezu alle Bedürfnisse und weckt im Freizeitbereich Sehnsüchte nach halbwissenschaftlichem Training. Die maximale Herzfrequenz ist selbstverständlich individuell, in der Regel sind 200–220 Schläge/Minute möglich. Wie steil dabei die Herzfrequenzkurve ansteigt, hängt von der Leistungsfähigkeit des Läufers ab. Bei einer flacher verlaufenden Kurve ist die Leistungsfähigkeit größer als bei einer steiler ansteigenden Kurve, weil hierbei die größte Leistungsfähigkeit schneller erreicht wird. Bei länger anhaltendem Leistungstraining über Monate und Jahre kommt es zur Abnahme der Herzschlagfrequenz bei großer Belastung.

Stimmt der Rhythmus?

Für die Steuerung der Trainingsintensität hat sich im Ausdauersport das Training in Herzfrequenzzonen durchgesetzt. Zur Festlegung der Zonen gibt es verschiedene Testmöglichkeiten. Während im Leistungssportbereich eher der Weg über die Laktatbestimmung eingeschlagen wird, wählen freizeitorientierte Läufer häufiger die Methode der aktuellen maximalen Herzfrequenz (Hf_{max}). Zum »Zonentraining« werden im Freizeit- und Breitensportbereich 3–4 Zonen gewählt, der Leistungssportler kann eine Differenzierung nach 5–6 Zonen vornehmen. Wichtig ist im Freizeit- und Breitensportbereich allerdings der »Wohlfühlfaktor«, bei dem trainiert werden sollte. Der Marktführer Polar bietet mit der »M-Serie« einen sehr persönlichen Trainingspartner an.

Trainingssteuerung mittels Laktat

Bei der laktatgesteuerten Leistungsdiagnostik handelt es sich um standardisierte Tests, bei denen in bestimmten Zeitabfolgen die Geschwindigkeit und damit die Leistung gesteigert wird (siehe Abb. S. 44). Die jeweilige Testbelastung sollte nicht unter drei Minuten liegen, da der Laktat-

Herzfrequenzzonen (Angaben in Schläge/Minute)				
Hf_{max} 100%	Zone 1* 50–60% Gesundheitstraining, Rehabilitation, Regeneration	Zone 2** 60–70% Energiebereitstellung im aeroben Bereich, GA 1	Zone 3*** 70–85% Energiebereitstellung im aeroben Bereich, GA 1 – GA 2, mit Fahrtspielcharakter	Zone 4**** 85–100% Erhöhung der wettkampfspezifischen Leistungsfähigkeit, GA 2
200	100–120	120–140	140–170	170–200
195	98–117	117–137	137–166	166–195
190	95–114	114–133	133–162	162–190
185	93–111	111–130	130–157	157–185
180	90–108	108–126	126–153	153–180
175	88–105	105–123	123–149	149–175
170	85–102	102–119	119–145	145–170
165	83– 99	99–116	116–140	140–165
160	80– 96	96–112	112–136	136–160

Das Training in unterschiedlichen Herzfrequenzzonen

wert sonst noch nicht die der Stufengeschwindigkeit zugehörige Höhe erreicht hat. In der Praxis liegen die Belastungen bei 5–8, vereinzelt auch 10 Minuten.

Jeweils am Ende einer Belastungsstufe wird die Laktatkonzentration im Blut gemessen und die während der Belastung ermittelte Herzfrequenz und die maximale Sauerstoffaufnahme mit der Laufintensität in Zusammenhang gebracht. Die somit erhaltenen Werte lassen Rückschlüsse auf die Leistungsfähigkeit zu. Für Läufer eignen sich auf dem Laufband durchgeführte Tests; noch besser sind Feldstufentests im Freiland, weil sie dem gewohnten Trainingsgelände entsprechen.

Durch die gewonnenen Richtwerte lassen sich die Freizeitläufer am ehesten in ihren Bemühungen zügeln, denn ein Großteil der ambitionierten Läufer gestaltet seine Trainingsläufe in einem zu hohen Tempo. Diese Läufer unterliegen einem Trugschluss, denn hier gilt keineswegs: je intensiver, desto größer der Effekt. Ein Phänomen, dem natürlich vorrangig Anfänger, aber selbst Lauferfahrene unterliegen.

Während bis vor wenigen Jahren aufgrund des Aufwands ein laktatgesteuertes Training den Leistungs-

Belastungsschema eines Stufentests: Testverfahren im Labor (Laufband) oder als Feldtest mit jeweils drei Minuten Belastungsdauer

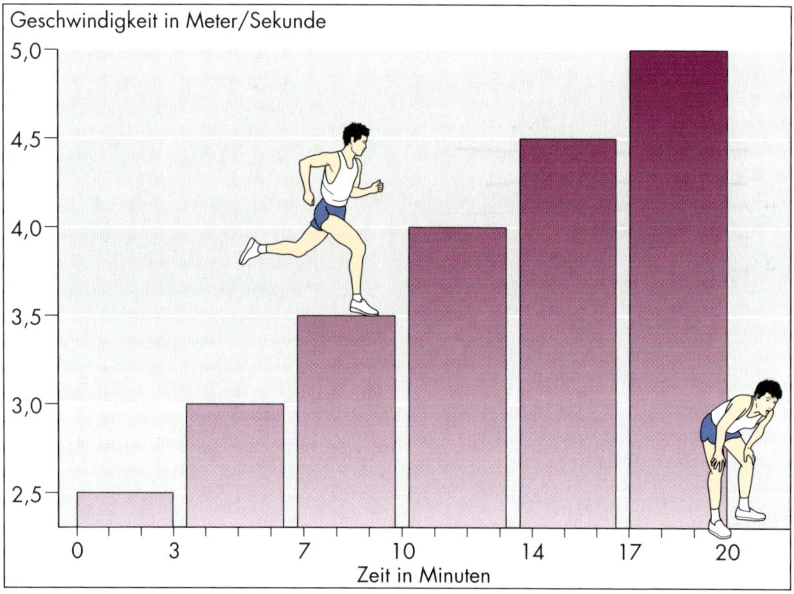

sportlern überlassen blieb, bieten inzwischen flächendeckend einige sportmedizinische Institute diesen Service an, damit auch ambitionierte Freizeitläufer nach diesem Verfahren trainieren können.

Wie häufig eine Leistungsdiagnostik allerdings erforderlich ist, hängt natürlich vom Leistungsanspruch ab. Wenn sie zur exakten Trainingssteuerung genutzt werden soll, dann ist ein regelmäßiges Überprüfen notwendig. Sollte nur eine Rückmeldung über die Trainingsfortschritte dokumentiert werden, dann ist eine gelegentliche Leistungsdiagnostik ausreichend. Bei 2–3 Trainingseinheiten pro Woche sollte ein Leistungscheck im Acht-Wochen-Rhythmus erfolgen, bei weniger ambitionierten Gelegenheitsläufern reicht die jährliche Überprüfung aus. Die Abb. auf S. 45 oben zeigt eine idealtypische Kurve aerober und anaerober Schwelle. Trainingsläufe im Laktatbereich von 4 mmol/l sind im Langstreckenbereich je nach Trainingsansätzen eher selten. Zur Ausgestaltung der Grundlagenausdauer wird sich die Laktatkonzentration im Bereich zwischen 2,0 und 2,5 mmol/l bewegen, gelegentlich bis 3,0 mmol/l. Als Faustregel gilt für die Grundlagenausdauer, das Tempo mit 70 % der bei Laktat 4,0 mmol/l gelaufenen Geschwindigkeit zu wählen.

Eine Zunahme der Ausdauerleistungsfähigkeit zeigt sich in der Differenz der Laktatkonzentration im jeweiligen Belastungsbereich (Abb. S. 45 unten).

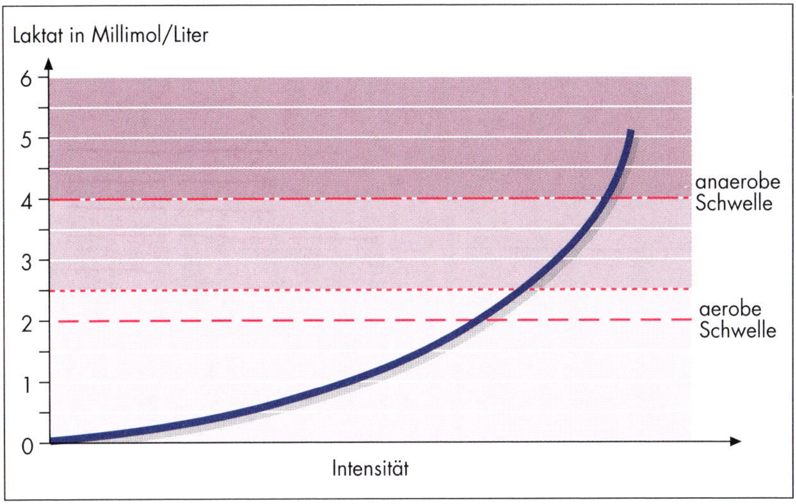

Ideal-typische Laktatleistungskurve

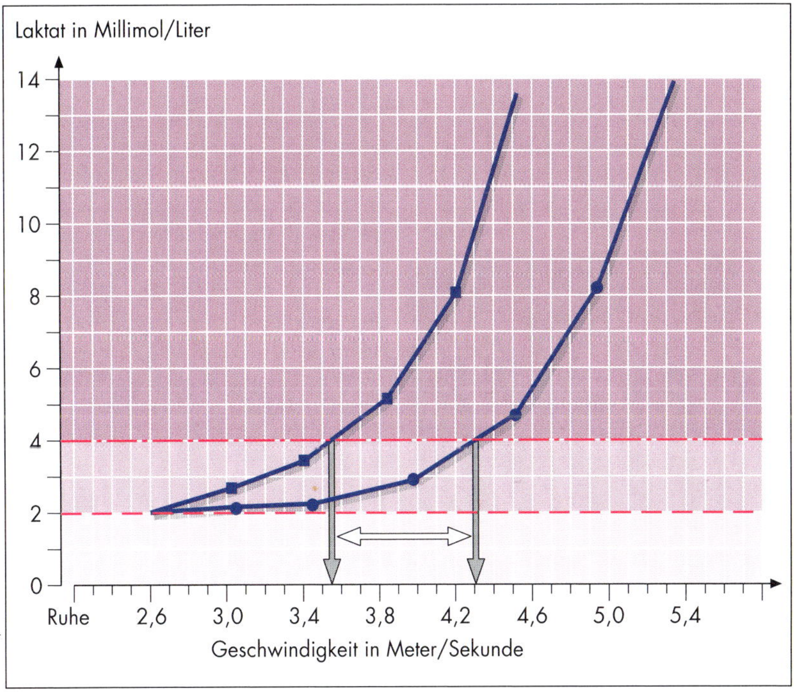

Verschiebung der Laktatleistungskurve durch Ausdauertraining

Schrittfrequenz

Wie groß sollte eine Schrittlänge sein? Wie häufig die Bodenkontakte pro Minute? Es ist ein Irrglauben, durch eine größere Schrittlänge bzw. durch eine höhere Schrittfrequenz ein höheres Lauftempo zu erreichen. Wie auch beim Stoffwechsel gibt es kein Optimum, sondern nur das in Grenzen Machbare.
Die Schrittfrequenz (die Häufigkeit des Bodenkontaktes des Fußes pro Minute) ist ein Gradmesser für die Effektivität des Laufschritts. 180 Fußberührungen pro Minute gelten in der Literatur als optimal, die Praxis sieht jedoch anders aus. Sowohl die Schrittlänge als auch die Schrittfrequenz hängen von den Kraftverhältnissen und von den koordinatorischen Fähigkeiten des Läufers ab, sie sind nur begrenzt veränderbar. Bergaufläufe verbessern die Kraftausdauer und damit auch die Schrittlängenkonstanz; eine bessere Laufkoordination lässt sich am Berg, aber auch auf ebener Fläche erreichen. Auch muskuläre Unausgewogenheiten können die Ausbildung des optimalen Schrittes behindern. Die über die Mittelstrecke zur Langstrecke und damit zum Marathonlauf gekommenen Ausdauersportler haben in der Regel eine gute koordinatorische Grundausbildung und verfügen damit eher über die Fähigkeit zur Schrittvarianz. Sowohl Schrittlänge als auch Schrittfrequenz sind »Wohlfühlfaktoren«.

Spaßfaktor beim Hannover-Marathon

Periodisierung

Wer kann das schon, ständig in Höchstform sein? Wie in anderen Lebensbereichen spielt auch im Sport die Akzentuierung eine entscheidende Rolle. Wenn hier vorausgesetzt werden darf, dass der Schwerpunkt im Ausdauerbereich liegt, ist eine gewisse Systematik trotz aller Spaßfaktoren erforderlich. In der Trainingslehre wird diese Schwerpunktbildung »Periodisierung« genannt. Das bedeutet nichts anderes, als in einer harmonischen Ganzjahresplanung einen phasenweisen Aufbau zu betreiben, der die Leistungsfähigkeit steigern hilft.
Ideale Periodisierung mit Vorbereitung auf einen Frühjahrs- und einen Herbstmarathon:

- **November bis Januar:** Vorbereitungsperiode I (Grundlagenausdauer)
- **Januar bis Ende März:** Vorbereitungsperiode II (Erhöhung der speziel-

len Grundlagenausdauer durch Intensitätssteigerungen, Stabilisierung der Grundlagenausdauer)

- **Ende März bis Mitte Mai:** Wettkampfperiode (Erarbeitung der Wettkampfverfassung/Teilnahme an Wettkämpfen auf Teilstrecken bis zur Halbdistanz und Start über die Marathondistanz)
- **Mai bis Juni:** Übergangsperiode (Regeneration, variable Belastungen, ggf. Alternativtraining einbinden)
- **Juni und Juli:** (verkürzte) Vorbereitungsperiode I
- **Ende Juli bis Mitte September:** Vorbereitungsperiode II (Wiederherstellung der speziellen Grundlagenausdauer, ggf. kleinere Wettkämpfe oder Landschaftsläufe)
- **September bis Oktober:** Wettkampfperiode (mit der Teilnahme an einigen wenigen Wettkämpfen wird der Start über die Marathondistanz vorbereitet)
- **Oktober bis November:** Übergangsperiode (Regeneration, variable Belastungen, ggf. Alternativtraining einbinden)

»Wir-Gefühl« beim Start in den Frankfurter Hochhausschluchten

Gezieltes Training – der Schlüssel zum Erfolg

Individualität und das »Wir-Gefühl« beim Laufen

Erfahrungsgemäß nutzen sich Trainingsformen mit zunehmender Trainingsdauer ab, sie wirken außerdem im Wiederholungsfall nicht gleich. Deshalb sollten in einem Mehrjahresaufbau umfangs- und intensitätsbetonte Jahre abwechseln.
Im Vergleich zum reinen Ausdauertraining ist das intensive Training schwerer steuerbar, es lässt sich außerdem nur selten im Gruppenverband durchführen. Das individuelle Leistungsvermögen selbst einer kleinen Gruppe wird im Normalfall so unterschiedlich sein wie die Gruppengröße. Im Idealfall finden sich gerade für längere Dauerläufe einigermaßen gleich starke Läufer zusammen, die beim »Plauschlauf« in wohlverstandener Harmonie Kilometer auftanken und die Natur genießen können. Natürlich lässt sich eine Doppelrunde laufen, um im vereinbarten Tempo zunächst die leistungsschwächeren Läufer in moderatem Tempo begleiten zu können, um dann in einer zweiten Runde vielleicht einen Zahn zuzulegen. Aber Vorsicht, im Überschwung kann das Tempo schnell überzogen werden! Deshalb gilt auch hier, dass die Geschwindigkeit der Schwächere bestimmt.

Geschwindigkeit kann berauschend wirken…

Trainingsalternativen

Semispezifisches Training

Spätestens seit Markus Ryffel und Dieter Baumann an diversen Verletzungen laborierten, wegen akuter Beschwerden (u. a. Achillessehne) »ärztliches« Laufverbot erhielten und Alternativmethoden, so genannte semispezifische Trainingsformen, auch über einen längeren Zeitraum hinweg anstelle des »konservativen« Lauftrainings einsetzten, sind diese auch hierzulande der breiteren Öffentlichkeit ein Begriff.
Nicht nur um Überlastungen vorzubeugen, gehen immer mehr Läufer zur Prophylaxe »ins Wasser« – weniger, um mit gezielten Kraulschlägen im Wasser lebenden Organismen oder ihren in diesem Element aktiven Ausdauerkollegen Konkurrenz zu machen, sondern mit laufimitierenden Belastungen, unterstützt von Wet vest, Aqua-Jogger oder ähnlichen auftriebsfördernden Modellen. Aber das sind nicht die einzigen Alternativen. Ideologien und Trainingsalternativen bestimmten in der Vergangenheit die Entwicklung in West- und Ostdeutschland. Während hier allenfalls Skilanglaufeinheiten in den Wintermonaten eine Alternative bedeuteten, komplettierten dort Tüftler den Trainingsalltag durch Varianten mit Skiroller und anderen Hilfsgeräten. Allen Ansätzen ist eines gemeinsam: die Angst vor Fehl- und Überbelastungen, die sich zwangsläufig bei zu einseitigem Training einschleichen. Denn nichts ist schlimmer als die Monotonie: Immer die gleichen Strecken, immer im gleichen Tempo – die Leistungsverbesserungen bleiben zwangsläufig aus oder sind im Verhältnis zum Aufwand nur gering. Da für die meisten Freizeitläufer weder die Trainingsdauer noch die Trainingsintensitäten mangels verfügbarer Zeit beliebig erweitert werden können, bleibt nur die qualitative Verbesserung mit dem Schlüsselwort Vielseitigkeit. Im Widerspruch zu früheren Untersuchungen bringen abwechselnde Trainingseinheiten (Rad, Schwimmen) durchaus Leistungsverbesserungen. Die Mär, dass Radfahren die läuferischen Fähigkeiten negativ beeinflusst, kann zu den Akten gelegt werden, wenn kleine Gänge und eine höhere Trittfrequenz gewählt werden.

Ausdauersportarten ergänzen das Lauftraining

Bei 120, 160, 200 oder mehr Wochenkilometern trainieren Ausdauersportler immer stärker in Grenzbereichen für den Sehnen- und Bänderapparat und die Muskulatur. Dies gilt nicht nur für den leistungsorientierten Läufer, sondern auch in besonderem

Semispezifische Trainingsformen für Marathonläufer					
Trainingsformen/ -mittel	**Belastungstyp**	**Vorgaben methodisch**	**Vorgaben physiologisch**	**Aufgabenstellung**	**Einsatzschwerpunkt**
Skilanglauf/Skiroller	GA (KA) aerob aerob/ anaerob	GA 1: Dauerlauf GA 2: streckenbezogene Ausdauer (Wiederholungsläufe), Wettkampf	Laktat bis 3 mmol/ Hf 150–170 Laktat 3–5 mmol/Hf 170–180	Diagonalschritt-/ Doppelstockschubtechnik, Spiel-/ Wettkampfformen	Vorbereitungsperiode
Radfahren/ Hometrainer	GA (KA) aerob aerob/ anaerob	GA 1: Dauerlauf GA 2: Tempowechsel (Minutenläufe), Intervalle	Laktat bis 3 mmol/ Hf 120–150 Laktat 3–5 mmol/Hf 150–170	geringer Tretwiderstand, höhere Frequenz	ganzjährig, gezielt einsetzbar auch in der Wettkampfperiode und zur Regeneration
Aqua-Jogging	GA aerob aaerob/ anaerob	GA 1: Dauerlauf GA 2: Intervalle, Tempowechsel (Minutenläufe)	Laktat bis 3 mmol/ Hf 120–150 Laktat 3–5 mmol/Hf 150–180	Verwendung von Auftriebshilfen (Gürtel, Weste), Frequenz je nach Programm	ganzjährig (auch zur Überbrückung bei Verletzungen)

Maße für den Freizeitsportler. Die individuelle Belastungsgrenze mag zwar mit der Trainingsdauer steigen, die persönlichen Ziele allerdings auch.
Radtraining oder Skilanglauf sind sinnvolle, den Bewegungsapparat schonende Alternativen, vor allem wenn in der Vorbereitungsphase Kraftausdauer-Maßnahmen angesagt sind oder bei verletzungsbedingten Pausen, da sie deren negative Auswirkungen (Muskelschwund, Ausdauerverlust) reduzieren. Diese Sport-

arten stellen eine gute Ergänzung zum Lauftraining dar, können aber auch die Koordination und Flexibilität steigern helfen.
Keine Alternativen sind Spielsportarten, die zwar ein Gruppenerlebnis, aber auch ein erhöhtes Verletzungsrisiko bedeuten, vor allem wegen übergroßen Einsatzes und technischer Unzulänglichkeiten.
Allgemeine und alternative Trainingsformen finden mehr und mehr Eingang in das moderne Ausdauertraining. Denn sie tragen letztendlich dazu bei, dass in zum Teil spielerischer Weise die Ausdauer-/Kraftausdauerfähigkeiten gesteigert werden. Dies bedeutet aber, dass Trainingsalternativen geplant, kontrolliert und auch nachbereitet werden sollten. Leitmotiv ist der Spaß und die Freude bei der sportlichen Bewegung, an der Natur. Denn Läufer sind letztendlich »Genussläufer«!

Radfahren und Mountainbiken

Das Rad ist das naheliegende Zusatzgerät, auch wenn streckenbezogen die Kraftausdaueranforderungen unterschiedlich sind. Selbst intensive Trainingseinheiten stellen im Vergleich zu Laufeinheiten eine Reduzierung der Belastung auf den Stütz- und Bewegungsapparat dar, ebenso mindern sie die Gefahr von Übertraining: für schwere Läufer und für Laufeinsteiger ein hervorragendes Training.

Das Rad als alternatives Trainingsmittel bietet Vielseitigkeit, Ideenreichtum und Individualität. Folgende Gesichtspunkte machen das Rad zu einem idealen Alternativgerät:

- Beliebtes Allwetter-Trainingsmittel, da inzwischen viele Läufer bei »Sauwetter« den Hometrainer oder die »Rolle« in der warmen Wohnstube oder im Fitnessstudio einem Lauf im Regen oder in der Dunkelheit vorziehen. Mehr und mehr bestimmt das Rad den Straßenverkehr, durchaus ein Beleg für die Akzeptanz unter Ausdauersportlern.
- Bergauffahren kommt einer geländebetonten Belastung gleich. Fährt man im Wiegeschritt (stehend) bergauf, so arbeiten weitere Muskelgruppen mit, man erreicht eine höhere Kreislaufbelastung und mindert zudem die Belastung des Knies.
- Bei einer möglichst hohen Trittfrequenz ist die Belastung für die Knie geringer. Bei einer geringen Trittfrequenz und größerem Tretwiderstand wird ein stärkerer Muskelquerschnitt antrainiert, der allerdings die Schnelligkeit der Beinmuskulatur vermindert. Durch eine höhere Trittfrequenz wird eine höhere Kreislaufbelastung erreicht.
- Training mit dem Mountainbike ist nicht nur in der Vorbereitungsperiode geeignet, in der Ausdauer und Kraftausdauer im Vordergrund stehen. Aufgrund der universellen Einsetzbarkeit (Gelände) lassen sich mit dem Bike auch Intensitäten trainieren. Der individuelle Spielraum wird im Gegensatz zum Rennrad vergrößert.

Beliebte alternative Trainingsformen: Mountainbiken...

Ein paar Dinge gilt es jedoch zu beachten. Wer mit dem Rad arbeitet, sollte den »runden Pedaltritt« beherrschen. Wichtig ist auch die richtige Einstellung der Sattelhöhe und der Automatikpedale. Es könnte sonst zu Verletzungen bzw. Entzündungen kommen. Wie sonst gilt auch hier die Faustregel: Kleine Umfänge können ein Mehr an Effektivität bedeuten, vor allem wenn das Radtraining ungewohnt ist.
Beim Ausdauertraining mit dem Rad muss das Zwei- bis Dreifache gegenüber einer vergleichbaren Laufzeit angesetzt werden.

...und Aqua-Jogging

Aqua-Jogging

Das einst durch den US-Athleten Glen McWaters kreierte Aqua-Jogging ist ein reines Alternativ- und Rehabilita-

Richtige und falsche Körperhaltung beim Aqua-Jogging

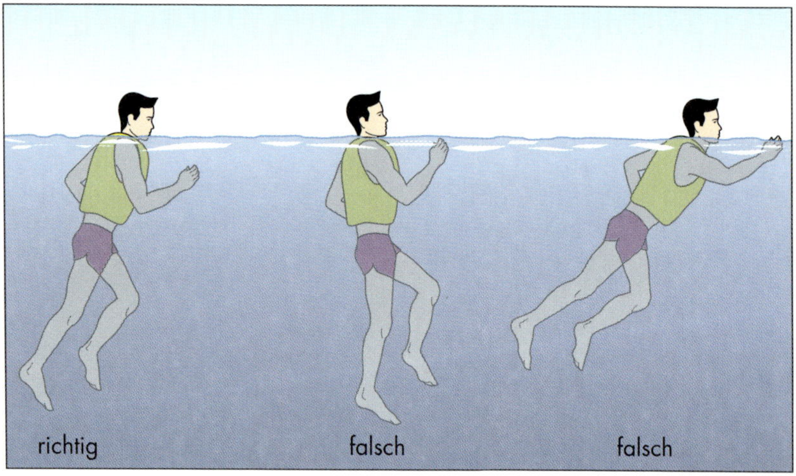

tionstraining. Das Laufen im warmen Wasser (24–28 °C) kann dabei aerob und anaerob betrieben werden, der Trainingseffekt wird allgemein mit bis zu 80 % der Laufbelastung angenommen. Wie Untersuchungen der Herzfrequenz gezeigt haben, liegen die Ergebnisse zwischen 10 und 20 Schlägen/Minute unter den vergleichbaren Laufbelastungen.

»Wet vest«, »Aqua-Fit« oder »Aqua-Jogger« – im Handel befinden sich verschiedene »Auftriebsgürtel« oder »Auftriebswesten«, die allerdings nicht alle benutzerfreundlich sind. Wichtig ist dabei vor allem, dass eine korrekte Laufhaltung möglich ist, damit der Läufer nicht entsprechende Bewegungen gegen das Absinken ausführen muss. Das Ziel liegt klar auf der Hand: trotz geändertem Medium eine dem Laufen gleichwertige Herz-Kreislauf-Belastung zu erreichen, und zwar ohne Beanspruchung des unteren Sehnen- und Bandapparates sowie der Gelenke. Nützlicher Nebeneffekt ist dabei die Stabilisierung der motorischen und koordinativen Fähigkeiten.

Der große Vorteil eines »Gruppen-Aqua-Joggings« ist, dass trotz unterschiedlicher Leistungsfähigkeit alle Läufer gemeinsame Wassereinheiten laufen können. Weder eine Unterforderung noch eine Überforderung tritt auf.

Wichtig ist eine aufrechte, leicht nach vorne gerichtete Laufposition, bei der nur der Kopf aus dem Wasser ragt. Die Wassertiefe muss so gewählt werden, dass die Laufbewegungen unbeeinträchtigt ausgeführt werden können. Die Arme sollten wie an Land leicht angewinkelt sein, der Kniehub angemessen. Bei geringen Bewegungsgeschwindigkeiten können natürlich auch Stilübungen zur Lauftechnik ausgeführt werden. Durch den Wasserwiderstand lassen sich alle Belastungsformen simulieren, etwa Minutenläufe, Fahrtspiel, alle Spielformen des Dauerlaufes. Der Bewegungsablauf im Wasser ist dem auf festem Grund ähnlich. Belastet werden in erster Linie die Oberschenkelbeuger, vergleichbar mit einem Kniehebelauf. Deshalb sind gezielte Ausgleichsübungen der Streckmuskulatur erforderlich.

Vorteile des Aqua-Joggings

- Schonung des unteren Sehnen-/Bänderapparates und der Gelenke sowie des Knochenapparates
- Schwerelosigkeit durch das Element Wasser
- Motivation durch Gruppentraining (evtl. mit Animation durch Musik)
- natürliche Kräftigung der Muskulatur durch den Wasserwiderstand
- verbesserte Elastizität des Binde- und Stützgewebes sowie der Sehnen
- spielerische Verbesserung der koordinativen Fähigkeiten
- Förderung des Herz-Kreislauf-Systems (Herzschlagvolumen steigt, bessere Blutversorgung durch hydrostatischen Druck)
- geringer Laktatanstieg im Blut

Inline-Skating

Die Trendsportart schlechthin, was an den Zuwachszahlen der großen City-Marathons abzulesen ist. Der Berlin-Marathon konnte 1999 einen Anstieg auf 4200 Skater verzeichnen, in Köln

Ausdauerentwicklung beim Inline-Skating	
Grundlagenausdauer	Trainingseinheit < 60 Minuten, 65–80 % des Maximalpulses, Wirksamkeit im Freizeitbereich bei dreimaligem Skaten pro Woche gegeben Fertigkeiten: höheres Tempo bei langem Gleiten, aerodynamische Position (tief gebeugter Oberkörper) forciert die Geschwindigkeit, beansprucht aber in stärkerem Maße Gesäß-, Rücken- und Oberschenkelmuskulatur (Muskelkater!)
Kraftausdauer	bergauf nach Intervallmethode (auf Kilometer- oder Minutenbasis, mit Pausen von 1–3 Minuten, Anzahl der Wiederholungen je nach Zielstellung), 70–85 % des Maximalpulses. Tipp: Variation mit Langlaufstöcken, Einsatz in der Ebene oder mit Anstiegen möglich, ggf. nur Doppelstockeinsatz
Regeneration	gemütliches Laufen oder Skaten fördert die Regeneration nach harten Trainings- und Wettkampfbelastungen

tummelten sich im gleichen Jahr über 2000 – beide Veranstaltungen übrigens mit Teilnehmerlimits.
Unter den Trainingsalternativen soll Inline-Skating jedoch nicht primär als die Sportart mit Spaßfaktor im Vordergrund stehen, sondern vielmehr Möglichkeiten aufzeigen, wie Inline-Skating als sinnvolle Alternative oder zur Regeneration eingesetzt werden kann.
Inline-Skating spricht fast die gesamte Körpermuskulatur an, stabilisiert den Rücken und kräftigt Gesäß und Oberschenkel. Eine gute Möglichkeit, Grundlagen- und Kraftausdauer aufzubauen und den beim Laufen auftretenden Aufprallschock in ein Vorwärtsrollen umzuwandeln. Damit werden Gelenke und Wirbelsäule geschont.
Für einen gezielten Einsatz im Trainingsprozess sollte die Pulsuhr herangezogen werden, die Aufschluss über die Belastungsintensität gibt.
Achtung! Ohne entsprechende Schutzausrüstung und guter Fahrtechnik ist Skating eine gefährliche Sportart, wie die Unfallstatistiken zeigen. Prellungen, Schürfwunden und Brüche sind leider oftmals an der Tagesordnung.

Skilanglauf

Ein bewährtes Alternativtraining ist der Skilanglauf. Der Effekt ist dem Laufen ähnlich, nur fallen die Stauchbelastungen weg. Bestens geeignet ist Skilanglauf für hohe Belastungsintensitäten und als Ganzkörperbelastung, da der Oberkörper ebenso wie die Beine einer starken Beanspruchung ausgesetzt ist. Ganze Läufergenerationen aller Leistungskategorien haben in den Wintermonaten den Rhythmus der Natur für ihre Ausdauerbelange genutzt – und viel Freude mit Freunden gehabt. Wichtig ist dabei, den aeroben Bereich so wenig wie möglich zu verlassen. Zur individuellen Orientierung hilft hier als Faustregel, die Belastung mit 70–80 Prozent des Maximalpulses anzustreben.
Viele Hobbyläufer trainieren bei zu hohen Intensitäten; auch hier gilt: Tempo reduzieren und Kilometerumfang steigern. Neben der Ausdauer spielen insbesondere die Komponenten Kraftausdauer und Lauftechnik gerade im Skilanglauf eine besondere Rolle.
Auch der Skiroller könnte als regenerative Maßnahme zum Einsatz kommen. Allerdings ist auch das Training mit dem Skiroller weitaus kraftintensiver, als es viele Marathonläufer gewohnt sind.
Wie wäre es aber einmal mit einem alternativen Lauftraining – mit Schneeschuhen? Gewiss gibt es nicht überall einen »Yeti-Trail« wie in Grindelwald, doch laufen mit Schneeschuhen lässt sich überall, vorausgesetzt, es gibt genügend Schnee. Und effektiv ist es dazu: Nicht nur der Puls ist garantiert erheblich höher als beim Jogging auf der Straße, sondern auch die Kraftausdauerbelastung.

Energiebedarf beim Marathonlauf

Mit eiserner Disziplin hat es Bundesaußenminister Joschka Fischer bewiesen: Innerhalb von nur wenigen Monaten brachte der Grünen-Politiker runde 30 Kilogramm weniger auf die Waage. Nur durch Laufen? Nein, durch die Kombination von Umstellung seiner Essgewohnheiten und Lauftraining. Das Lauftraining allein eignet sich zur Gewichtsreduzierung nämlich in weitaus geringerem Maße als die Umstellung der Ernährung. Schlüssel zum Erfolg und damit zur erfolgreichen Fettverbrennung ist die spezifische Laufgeschwindigkeit, denn bei langsamem Lauftempo ist

Die besten Kohlenhydratspender

Nahrungsmittel	Gehalt pro 100 g roh	Gehalt pro 100 g gekocht	geeignet im Alltag als	vor dem Wettkampf	im Wettkampf	Bemerkungen
Teigwaren	75 g	25 g	Vollkornteigwaren	normale Teigwaren	—	beliebtester Lieferant
Hülsenfrüchte	50 g	15 g	x	—	—	gesund und vielseitig
Brot	45 g	–	Vollkornbrot	Auszugsmehlbrot/ weniger Vollkornbrot	mit Honig oder Hefepaste	Grundnahrungsmittel
Kartoffeln	15 g	15 g	x	x	—	wichtig: fettarme Zubereitung!
Reis	75 g	25 g	Vollkornreis	polierter Reis	Reiskuchen	länger kochen
Bananen	20 g	—	x	x	x	reife Bananen aus fairem Handel

die Fettverbrennung am höchsten. Je höher die Laufgeschwindigkeit, desto mehr steigt zwar anteilig die Verbrennung von Kohlenhydraten, das Ausmaß der Fettverbrennung bei abnehmendem Anteil der Gesamtenergiebereitstellung nimmt jedoch zu. Vor ausschließlichen temporeduzierten Trainingsläufen sei gewarnt, denn die körpereigenen Anpassungsvorgänge sind rasch ausgeschöpft. Je abwechslungsreicher das Trainingsprogramm, desto effektiver die Stoffwechselvorgänge im Körper.

Spezielle Ernährungsformen beim Marathonlauf

Es besteht kein Zweifel, Kohlenhydrate sind die beste Wahl, um unseren Muskeln Energie zuzuführen und die Gesundheit zu fördern. Ob Ausdauersportler oder Zuschauer, ob Jung oder Alt, wir tun gut daran, unseren Teller mit einem hohen Anteil an vollwertigen und kohlenhydratreichen Nahrungsmitteln zu füllen. Durch kohlenhydratreiche Ernährung können sich die Glykogenspeicher im Muskel weitaus besser füllen; dadurch stehen dem Körper mehr Energiereserven zur Verfügung.

Wenn der Durst kommt, ist es bereits zu spät: Flüssigkeitsverlust bedeutet gleichzeitig auch Leistungsverlust.

Die Kohlenhydrate kommen in einfach herzustellenden Produkten in hoher Konzentration vor. Kohlenhydratreiche Nahrungsmittel sind preiswert, sie sind einfach und vor allem auch lange lagerbar. Jedoch führen nicht alle kohlenhydratreichen Nahrungsmittel dem Muskel die Energie gleich schnell zu. Früchte lassen den Blutzucker langsamer steigen als beispielsweise Brot, Honig oder Traubenzucker. Das bedeutet, dass es auch länger dauert, bis die zugeführte Energie zur Verfügung steht.

Die Kohlenhydratdiät

Für viele Marathonläufer ist die Kohlenhydratdiät das Nonplusultra vor wichtigen Langstreckenläufen. Die nach dem schwedischen Chemiker Saltin benannte Kohlenhydratmast basiert darauf, dass eine dreitägige fast ausschließliche Kohlenhydratzufuhr die Muskel- und Leberglykogenvorräte optimal steigert. Da das Umschalten auf die Fettverbrennung nach drei Vierteln der Marathonstrecke in unzähligen Fällen zu unerwarteten Leistungseinbrüchen führt, sind gut gefüllte Kohlenhydratdepots eine wichtige Voraussetzung für eine stabile Leistung.

Voraussetzung für eine erfolgreiche Saltin-Diät ist allerdings die Einhaltung eines bestimmten Rituals:

- 1. Phase: Sieben Tage vor dem Marathon erfolgt ein langer, ruhiger Dauerlauf (40 Kilometer) mit 75 Prozent des Renntempos.
- 2. Phase: Eine sich direkt anschließende dreitägige Kohlenhydrat-Mangeldiät mit protein- und fettreicher, aber kohlenhydratarmer Kost. Durch diese Maßnahme werden bei Fortsetzung des Trainingsprogramms die Glykogenvorräte stark vermindert. Müdigkeit, leichtes Übelkeitsgefühl und Kopfschmerzen können in dieser Phase als negative Begleiterscheinung auftreten, hinzu kommt eine Gewichtsminderung um 1–2 Kilogramm.
- 3. Phase: Umstieg auf kohlenhydratreiche Kost, womit die Glykogenvorräte übermäßig stark aufgefüllt werden. Untersuchungen haben ergeben, dass ein 4–5-prozentiges Aufstocken über den Normal-Glykogenstand hinaus möglich ist. Der Verzehr von eiweiß- und fettreichen Nahrungsmitteln ist zu vermeiden. Nicht zuletzt sind die Kartoffel- und Pasta-Partys (mit leider oft zu fetten Sossen) der Marathonveranstalter mehr als nur ein geselliges Ereignis, sondern auch ein weiterer kohlenhydratreicher Schub vor dem Marathonlauf, der durch leicht gesüßte Getränke komplettiert werden kann. Doch Achtung: Die übermäßige Kohlenhydratzufuhr führt gleichzeitig zu stärkerer Gewichtszunahme, die trotz bester Vorsätze rasch 2–3 Kilogramm ausmachen kann.

Wegen negativer Begleiterscheinungen (Durchfall, Seitenstiche, Konzentrationsmängel) ist die Kohlenhydratdiät allerdings nicht unumstritten. Leichte Läufertypen sollten aufgrund ihrer eher ausreichenden Glykogendepots auch ohne spezielle Diät auskommen. Ob Diät oder nicht, allen Bemühungen gemeinsam sollte eines sein: die ausreichend kohlenhydratreiche Vollwerternährung in der Vorbereitung zum Marathonlauf.

Flüssigkeitsverlust bei 42,195 Kilometern

Je nach Körperfettgehalt und auch Geschlecht beträgt der Wasseranteil des Körpers eines Erwachsenen zwischen 55 und 75 Prozent. Die Muskulatur weist einen höheren Wasseranteil auf als das Fettgewebe, der Wassergehalt bei der Frau ist aufgrund des höheren Fettanteils niedriger als beim Mann. Wasser übernimmt im Organismus folgende wichtigen Funktionen:

Elektrolytgehalt im Schweiß (mg/l)

	Schweiß	Blutplasma
Natrium	300–1150	3200
Kalium	100–280*	160
Magnesium	5–35	20

* bis 400 mg/l bei Frauen

- Lösungsmittel für den Nahrungsbrei
- Bestandteil von Blut und Lymphe,

Energiebedarf beim Marathonlauf

Willkommene Abkühlung

Wie wirkt sich Flüssigkeitsverlust auf die Leistungsfähigkeit aus?	
Blut	Es wird dicker und verliert dadurch an Fließfähigkeit, die Folge davon ist verringerte Sauerstoff- und Nährstoffversorgung der Muskulatur, verminderter Wärmeabfluss durch die peripheren Blutgefäße zur Haut.
Herz	Der Puls steigt, da das Herz stärker pumpen muss. Der Flüssigkeitsverlust von 1 % des Körpergewichtes führt zu einem Herzfrequenzanstieg von 10 Schlägen/Minute.
Gehirn	Verminderte Durchblutung des Gehirns kann zu mentalen Fehlleistungen führen.

die für die Versorgung mit Nährstoffen, Regulatoren und Zellen des Immunsystems und für den Abtransport der Stoffwechselprodukte zuständig sind

- Baustein für die Elastizität der Knorpel und Bandscheiben
- Reaktionspartner bei Stoffwechselprozessen
- Regulator des Wärmehaushaltes

Über die Haut und die Lunge verliert ein Läufer große Mengen Wasser, bis zu zwei Liter pro Stunde. Das bedeutet, bei einem Marathonlauf von vier Stunden können bei hoher Temperatur und Luftfeuchtigkeit bis zu acht Liter Flüssigkeit verloren gehen. Das würde bei einem »normal schweren« Läufer fast 10 Prozent des Körpergewichts bedeuten.

Schwitzen ist ein normaler Körpervorgang, eine Schutzfunktion gegen Überhitzung. Etwa 60 Prozent der

Elektrolytgehalt verschiedener Getränke (mg/l)

	Mineralwasser	Saft	Bier	Limonade
Natrium	100–500	20	50	60
Kalium	10– 30	1160	380	100
Magnesium	50–350	40	70	–
Kalzium	100–300	70	40	40

Was unterscheidet Wasser von Wasser?	
Natürliches Mineralwasser	Ursprung in unterirdischen Wasservorkommen, Abfüllung am Quellort, Beschaffenheit darf nur durch Entzug oder Zusatz von Eisen, Schwefel und Kohlensäure verändert werden, staatliche Anerkennung erforderlich
Heilwasser	gleicher Ursprung wie Mineralwasser, aufgrund seiner Mineralien und Spurenelemente besitzt es heilende, lindernde und vorbeugende Wirkung, staatliche Anerkennung erforderlich
Quellwasser	ohne Nachweispflicht und staatliche Anerkennung, die Zusammensetzung muss der Trinkwasserverordnung entsprechen, keine Verwendung des Begriffs »natürlich«, Benennung ohne Brunnen- oder Quellnamen
Tafelwasser	Mischung verschiedener Wasserarten und Zutaten, ohne ernährungsphysiologischen Nachweis und staatliche Anerkennung, keine Verwendung des Begriffs »natürlich«, Benennung ohne Brunnen- oder Quellnamen
(nach Angaben der Informationszentrale Deutsches Mineralwasser)	

umgesetzten Energie werden in Form von Wärme frei. Durch die Verdunstung an der Körperoberfläche (Verdunstungskälte) besteht ein leistungsfähiges Kühlsystem, das so lange funktioniert, wie genügend Flüssigkeit im Kühlsystem vorhanden ist. Ohne diese Kühlung würde die Köpertemperatur pro sechs Minuten um je ein Grad steigen. Der trainierte Läufer hat sich dem erhöhten Kühlbedarf angepasst, seine Schweißdrüsen sind leistungsfähiger und geben mehr Schweiß ab. Und ein Mehr an Mineralstoffen und Spurenelementen. Deshalb bedeutet Flüssigkeitsverlust auch Leistungsverlust. Das Durstgefühl stellt sich bei Schweißverlust von einem Prozent des Körpergewichts ein, bei zwei Prozent vermindert sich bereits die Ausdauerleistung.

1.6l

Trinkpausen sind unbedingt notwendig

Also ist rechtzeitiges und reichliches Trinken oberstes Gebot. Auf welchen Strecken sollte getrunken werden? Im Normalfall bei Dauerleistungen ab einer Stunde. Bei hohen Temperaturen empfiehlt sich, auch schon bei einem Zehn-Kilometer-Lauf Flüssigkeit aufzunehmen. Wichtig ist dabei in erster Linie das Flüssigkeitsvolumen, erst in zweiter Hinsicht kommt es auf den Elektrolyt- und Mineralstoffgehalt der Getränke an. Denn der Mineralstoffverlust lässt sich zunächst noch durch die Körperreserven ausgleichen. Viele Untersuchungen in den letzten Jahren haben ergeben, dass die Unterschiede zwischen Mineralwasser, Leitungswasser, Tees oder Sportgetränken nur eine geringfügige Rolle bei der Stabilität der Leistungsfähigkeit spielen. Gegen den Trend mit Elektrolytgetränken an den Getränkestationen wehrt sich der Berlin-Marathon-Arzt Dr. Willi Heepe: »Die Versorgung mit Elektrolyten muss vor dem Lauf ausreichend lange gegeben sein. Ein Elektrolytersatz während eines Laufes ist sinnlos. Die Zuführung dient ausschließlich der Regeneration!« Stark kohlenhydrat- und mineralstoffreiche Getränke verzögern die Entleerung aus dem Magen, führen zu einer Wassersekretion aus dem Blut ins Darminnere und können zu Magen-Darm-Beschwerden führen. Wasser allein verlässt zwar schnell wieder den Magen, verweilt aber lange im Dünndarm und führt letztlich zu einem stärkeren Harndrang. Deshalb sollte man die individuelle Verträglichkeit mit schwach elektrolythaltiger Mixtur vor einem Marathonlauf genauso testen wie die Technik der Getränkeaufnahme während des Laufes.

Alle 30 Minuten sollten unter Normalbedingungen 1,5 Liter Flüssigkeit aufgenommen werden.

Wichtig ist es, den Körper auf einen vermehrten Flüssigkeitsbedarf einzustellen. Selbst im Büroalltag sollte die Mineralwasserflasche nicht fehlen. Ein Glas Mineralwasser am Morgen regt dank der Kohlensäure die Atmung und das Nervensystem an, vor den Mahlzeiten dämpft es den Hunger und sättigt zugleich. Nicht während der Hauptmahlzeiten trinken, da die Magensäfte verdünnt und somit die Verdauungsvorgänge verlängert werden. Zu Kaffee und Wein genügend Mineralwasser trinken, um eine ausgeglichene Flüssigkeitsbilanz zu erreichen.

Unter dem Begriff »Sportgetränke« firmieren Getränke mit einer bestimmten Zusammensetzung von Mineralien und Kohlenhydraten. Das universelle Sportgetränk gibt es nicht, dafür aber merkliche Unterschiede in der Zusammensetzung und im Preis. Der Selfmix aus Mineralwasser und Obstsaft kann den unterschiedlichen Bedürfnissen und der Verträglichkeit angepasst werden, ist den Sportgetränken abso-

Alles Banane?

lut gleichwertig und zudem noch erheblich billiger. Höhere Fruchtsaftkonzentrationen verzögern allerdings die Flüssigkeitsaufnahme, deshalb die geliebte Apfelsaftschorle nicht während, sondern nach der Belastung trinken!

Die Kuchentheke: wichtiges Kohlenhydratdepot nach dem Rennen

Optimal ernährt in den Marathonlauf

Die Vorwettkampfphase

In der Vorwettkampfphase, also in der letzten Woche vor dem Start, kann es nur noch darum gehen, die Trainingsform zu erhalten und die besten energetischen Voraussetzungen für die 42,195 Kilometer zu schaffen. Das bedeutet, die Glykogenvorräte in Leber und Muskulatur optimal zu füllen. Dazu ist in einem Abstand von 6–8 Tagen eine vollständige Entleerung erforderlich, die durch eine lange Ausdauereinheit (2–3 Stunden Laufen) erfolgen kann. In den folgenden Tagen werden die Glykogonspeicher durch vorwiegend kohlenhydratreiche Ernährung vollständig gefüllt, sodass am Tag X genügend »Muskelbenzin« vorhanden ist.

Ernährung vor dem Start

Um Magen- und Darmbeschwerden vorzubeugen, ist am Wettkampftag 3–4 Stunden vor dem Lauf eine leicht verdauliche, kohlenhydratreiche Mahlzeit einzunehmen, zum Beispiel Weißbrot oder Auszugsmehlbrot mit Honig oder Marmelade bzw. Kartoffeln, Nudeln oder Reis. Eine reife Banane oder ein Energieriegel kann 30 Minuten vor dem Start ein gewisses »Leeregefühl« abbauen. Während des Marathons haben sich kohlenhydratreiche Getränke, mit Fruchtsaft angereichtes »Stilles Mineralwasser« oder mit Honig gesüßter Tee bewährt.

Nachwettkampfernährung

Nach dem Rennen ist zunächst auf eine ausreichende Flüssigkeitszufuhr zu achten, um den Durst zu löschen. Wenn die Glykogenspeicher für einen sich in rascher Folge anschließenden Wettkampf gefüllt werden müssen, sollte die Kohlenhydrataufnahme innerhalb von 24 Stunden zehn Gramm Kohlenhydrate pro Kilogramm Körpergewicht betragen, in den ersten beiden Stunden nach dem Wettkampf allerdings schon einmal 100 Gramm. Ansonsten reicht ein Auffüllen mit Nahrungsmitteln mit einem 60-prozentigigen Kohlenhydratanteil.

Regeneration

Warum soll es einem Marathonläufer anders gehen als Otto Normalverbraucher? Motivationsprobleme bei Eis und Schnee, bei widrigen Witterungsbedingungen... Die Kilometerumfänge schwanken zwischen wenig und nicht viel, von Belastungen ganz zu schweigen. Das Gewissen mag plagen, aber regelmäßig Wenig ist oftmals mehr als Viel nach dem Lustprinzip.

In diesen Situationen hilft vor allem ein Ausweichen auf andere Sportarten, etwa auf Mountainbiken, Schwimmen oder Walking,entsprechend neueren Trends auch Schneeschuhlaufen oder das ultimative Gruppenerlebnis, das Spinning-Training auf einem Standrad mit großen Schwungrädern. Beim Spinning lässt sich die Ebene ebenso simulieren wie das Gebirge. Beide Geländetypen lassen sich in zwei Grundhaltungen bewältigen, im Stehen und im Sitzen. Als Erfinder des Indoor Cycling gilt Johnny Goldberg, ein südafrikanischer Triathlet und Extremlangstrecken-Radrennfahrer, der seine Spinning-Lektionen als ganzheitliches Fitnesstraining bezeichnet.

In den skandinavischen Ländern ist das Nordic Walking bereits ein Renner. Der Stockeinsatz zur Fortbewegung war bislang die Domäne der Langläufer. Der Gebrauch von Stöcken ist nicht nur für Wanderer im hochalpinen Gelände, sondern auch bei schwierigen Geländeläufen, vor allem Bergabpassagen über Schnee- oder Geröllfelder, eine Einsatzmöglichkeit in den Sommermonaten. Die Finnen haben das Nordic Walking längst zu ihrer Sommersportart gemacht. Dort wo im Winter Langläufer ihre Spuren auf Waldwegen oder weichem Untergrund ziehen, walken in der schneefreien Zeit mehr und mehr Finnen, zumeist unter kundiger Anleitung. Dabei können Kreislaufbelastungen bis 85 Prozent der maximalen Herzfrequenz erreicht werden. Mit der Ausbildung von Kraftausdauer kommt ein zweiter wichtiger Faktor hinzu, der Nordic Walking interessant macht. Außerdem steigert es die Fettverbrennung, womit sich der Kreis schließt für den ausdauerbewussten Läufer, der sich in Zeiten der Regeneration naheliegend Gedanken über sein Fitnessniveau macht.

Eine aktive Regeneration lässt sich in hervorragender Weise mit Sportarten bzw. Trainingsvarianten (siehe Kapitel »Trainingsalternativen«, S. 50ff.) bestreiten, diese in deutlich abgeschwächter Intensität. Spaß und Muße sollten in der Regeneration im Vordergrund stehen – die Seele einfach mal »baumeln« lassen. Keine Angst, die stabile Ausdauergrundlage wird in drei, vier Wochen aktiver Regeneration nicht verloren gehen. Im Gegenteil: Sie stabilisiert sich auf hohem Niveau und eröffnet weiteren Spielraum. Warum nicht einmal in die Sauna gehen? Diese Form der Entspannung eignet sich insbesondere an einem Regenerationstag oder mit deutlichem

Abstand (4–6 Stunden!) nach einem Training, um Stoffwechselprodukte abzubauen.
Ein richtig verstandener Trainingsaufbau umfasst natürlich die Phase der Regeneration. Wenn dies zum Allgemeingut wird, dann könnte künftig im Kreise der Laufkollegen nicht nur nach den Kilometerumfängen gefragt werden, sondern vermehrt auch nach der Dauer der Regeneration oder den alternativen Trainingselementen.

Die drei Ws der Regeneration	
Warum regenerieren?	Nach harten und langen Belastungen ist die Muskulatur stark beansprucht (myofibrilläre Verletzungen der Muskelzellen). Nach einem Marathonlauf sind diese sogar noch nach einer Woche festzustellen.
Wann regenerieren?	a) Erholungsphasen nach einem Marathonlauf sind ebenso Pflicht wie diverse Tempoeinheiten davor. b) Erholungsphasen mit verminderter Belastung während der Vorbereitungszeit (für einen 4-Wochen-Rhythmus könnte dies so aussehen: 3 Wochen Trainingsprogramm mit Dauerläufen unterschiedlicher Länge und Tempoläufen, 1 Woche Regeneration mit Dauerläufen verminderter Intensität). c) Längere Erholungsphase im Jahresrhythmus mit alternativen Trainingsformen und Regeneration (»aktives Faulenzen«).
Wie regenerieren?	a) Nach einer harten Wettkampf- oder Trainingsbelastung mit ruhigem Dauerlauf (Abbau des aufgestauten Laktats, verbesserte Durchblutung der Muskulatur). b) Leichte Dehnungsübungen fördern die Durchblutung, beugen einer Verkürzung der Muskulatur vor (siehe S. 33 ff.). c) Auffrischen des Elektrolyt- und Wasserhaushaltes (mit Wasser, verdünnten Fruchtsäften, Elektrolytgetränken) und der Glykogenspeicher (Kohlenhydratspeicher). d) physiotherapeutische Maßnahmen (Massagen, Entspannungsbäder, nur kurze Saunadurchgänge mit ausreichender Flüssigkeitszufuhr) e) Für eine längere Erholungsphase im Jahresrhythmus bieten sich alternative Trainingsformen mit geringer Intensität zur Regeneration an (Aqua-Jogging, Radfahren, Skating, Wandern, Skifahren).

Des Läufers Lust und Last

Landschafts-orientiertes Laufen

Fun und Action, das ist es, was heute die Medien in erster Linie interessiert – je schriller, desto besser. Und den Erfindern derartiger Events sind keine Grenzen gesetzt. Das flache Land interessiert dabei weniger, es sei denn, eine Ferieninsel wird mehrmals im Laufschritt umrundet. Extremsteigungen wie beim »Inferno-Lauf« zum 2970 Meter hoch gelegenen, aus einem James-Bond-Film bekannten Drehrestaurant auf dem Schilthorn, beim »Sky Race« über drei Kilometer und einer Höhendifferenz von 1000 Meter auf der olympischen Abfahrtsstrecke in Val d'Isère oder beim Marathon im Schatten des majestätischen Dreigestirns Eiger, Mönch und Jungfrau haben gewiss ebenso ihre Reize wie Landschaftsläufe auf dem Rennsteig zwischen Neuhaus und Schmiedefeld im Thüringer Wald, über den Brocken bei Wernigerode im Harz, auf dem Böhmweg zwischen Deggendorf und Zwiesel im Bayerischen Wald oder der Route du Crêtes in den Vogesen. Kenner der landschaftsorientierten Laufszene schätzen dabei »the great peak of experience« vor dem mystischen Piz Kesch ebenso wie die zerklüfteten

Landschafts-impressionen am Rennsteig

Landschaften beim Défi Val de Travers im Schweizer Jura. Und alle haben ihr Stammpublikum.
Ob Insidertipps mit 40 Läufern, ob Massenveranstaltungen mit 4000 Läufern, allen Unkenrufen zum Trotz ist der Laufboom ungebremst. Der Laufkalender ist eng gefüllt, schließlich sparen die klassischen Marathonveranstalter aus naheliegenden Gründen die heißen Sommermonate weitgehend aus. Und das ist gut so: Nichts ist reizvoller, als nach einer flotten Sightseeing-Tour auf glattem Großstadtasphalt die Schönheit der Natur im Sommer laufend zu erkunden. Die Seele baumeln lassen. Und Kräfte zu mobilisieren für einen Herbstmarathon in Berlin, Köln, Lausanne oder Frankfurt.
Eine landschaftsorientierte »Sommersaison« hat in der Tat wertvolle Nebeneffekte. Neben der reinen Ausdauer wird vor allem die Kraftausdauer, aber auch Beweglichkeit und Geschicklichkeit geübt. Basistraining leicht gemacht. Nur: Für einen schnellen Herbstmarathon ist falscher Ehrgeiz im Gelände Gift. Je länger und kräftezehrender die landschaftsorientierten Läufe, desto weniger stimmt die notwendige Regeneration und damit der sinnvolle Aufbau für die rechte Herbstform. Läufe zum Genießen sind das zwingende Muss, wenn im Herbst ein seriöser Marathon angepeilt werden soll. Geländeläufe über zehn oder 20 Kilometer dürften das rechte Maß sein. Natürlich im Verbund mit dem einen oder anderen Straßenlauf der näheren Umgebung.

Bei hochalpinen Abstiegen sind Skistöcke durchaus hilfreich: Schnappschuss beim Swiss Alpine Marathon

Höhentraining

Spitzenläufer machen es alle – das Training in der Höhe. Egal, ob in St. Moritz oder Davos im Schweizer Kanton Graubünden, in Font Romeau in den französischen Pyrenäen, in den US-Lauf-Eldorados Boulder und Flagstaff oder gar in Bulgariens Belmeken oder in den mexikanischen Höhen, zu den klimatisch günstigen Saisonzeiten tummeln sich primär dort die Mittel- und Langstreckler der internationalen Szene. Ihnen geht es weniger um die attraktive Landschaft mit schneebedeckten Gebirgsmassiven und bunt blühenden Alpwiesen, sondern vielmehr um einen Tapetenwechsel mit leistungsförderndem Hintergrund. Sie alle hoffen auf den höhenbedingten Leistungsschub nach der Rückkehr ins Flachland, der bei Dauerleistern durchaus kräftig zu Buche schlagen kann.

Ein Ausblick auf Natur pur*

Mai	Tüfelsschluchtlauf in Hägendorf (CH)	8,3 km
	Hundseck-Berglauf in Bühlertal (D)	9,5 km
	Gamperney-Berglauf in Grabs (CH)	8,1 km
Juni	Gempenlauf in Dornach (CH)	7,8 km
	Hohenneuffen-Berglauf in Beuren (D)	9,3 km
	Freiburg-Schauinsland (D)	13,6 km
Juli	Gletscherlauf Aletsch in Bettmeralp (CH)	17,0 km
	Fünf-Seen-Lauf in Schwerin (D)	10 km/15 km
	Moosenmättle-Berglauf in Wolfach (D)	10,5 km
	Toter-Mann-Berglauf in Freiburg-Oberried (D)	8,0 km
	Etappe Bornholm (Laufwoche/DK)	42,195 km
August	Schlickeralmlauf in Telfes/Stubaital (A)	11,0 km
	Belchen-Berglauf in Olten (CH)	13,0 km
	Arosa–Weißhorn (CH)	11,1 km
	Beerberglauf in Suhl (D)	5,6 km
	Kitzbühler-Horn-Bergstraßenlauf (A)	12,9 km
	Matterhornlauf in Zermatt (CH)	12,3 km
September	Hornisgrindelauf in Lauf (D)	12,0 km
	Nürburgringlauf (D)	9 km/23 km

* Eine kleine Auswahl von Landschaftsläufen kürzerer und mittlerer Länge von Mai bis September, die aufgrund der Streckenführung auch ungeübten Bergläufern Freude machen können. Für Spezialisten empfehlen wir die einschlägigen Terminkalender bzw. Laufmagazine. Aus Gründen der Regeneration nach bzw. Vorbereitung auf einen Marathon wurden als Zeitraum bewusst die Monate Mai bis September gewählt.

Aber nicht nur bei diesen. Auch angesichts der Erfolgserwartungen im Breitensportbereich kommen nun auch in vermehrter Anzahl Freizeitläufer, um im Urlaub mit der Familie auch sportlich einen Schritt weiter zu kommen: Doping legal. Allerdings sollte dabei bedacht werden, dass Höhentraining erst dann zum »Einsatz« kommen sollte, wenn die allgemeinen trainingsmethodischen Möglichkeiten ausgeschöpft sind. Schon allein aus diesem Grund ist Höhentraining zunächst dem Spitzenbereich vorbehalten. Was freilich nicht heißen sollte, dass Otto Normalverbraucher nicht auch einmal in der Höhe schnuppern kann. Doch Vorsicht: Eine Vermischung von Ausdauertraining und Belastungen mit laktazidem Charakter wirkt kontraproduktiv.
In Höhen zwischen 1500 und 2800 Metern sind die Bedingungen zum Training am günstigsten; unterhalb dieser Höhen ist die Reizwirkung auf das Herz-Kreislauf-System zu gering, oberhalb erschweren der Sauerstoffmangel und die klimatischen Verhältnisse ein systematisches Lauftraining.

Natur pur in luftiger Höhe beim Aufstieg zum Sertigpass in Graubünden

Was ist nun aber das Geheimnis des Höhentrainings? Aus dem höhenbedingt reduzierten Sauerstoffdruck resultiert ein geringeres Sauerstoffangebot für den Körper. Der Organismus versucht diesen Mangel durch eine Vermehrung der Sauerstoffbindungssubstanz Hämoglobin (und damit der roten Blutkörperchen) und eine größere Atemfrequenz auszugleichen. Dadurch wird der Sauerstoffgehalt pro Liter arteriellen Blutes drastisch gesteigert. Weiterhin kommt es zu einer erleichterten Sauerstoffübernahme in das Muskelgewebe. Durch eine gleichzeitige verbesserte Durchblutung des Muskelgewebes nimmt der Myoglobingehalt (Sauerstoffspeicher des Muskels) und die Enzymaktivität der Muskulatur zu. Durch Höhentraining kann die Sauerstoffaufnahme für einen gewissen Zeitraum letztlich um ein Viertel gesteigert werden. Wer nun allerdings an eine Leistungssteigerung in solchen Verhältnissen glaubt, der irrt.

Die realistische Überprüfung der Wirkung des Höhentrainings ist streckenbezogen unterschiedlich. Für Langstreckler ist ein stabiler Leistungszustand mit ansteigender Tendenz nach dem 10. Tag zu erwarten, ein Marathon könnte somit zwischen dem 20. und 30. Tag liegen. Allerdings sind auch positive Erfahrungen mit Langstreckenläufen unmittelbar nach der Rückkehr aus der Höhe bekannt.

Sechs Regeln beim Höhentraining

1. Höhentraining lohnt nur bei gutem bis sehr gutem Trainingszustand. Freizeitsportler versuchen oftmals, Trainingsdefizite im Urlaub auszuglei-

chen. Im Leistungssportbereich wird allerdings auch ein Höhentraining zur Wiederherstellung der aeroben Leistungsfähigkeit durchgeführt.
2. Aktuell werden zwei Varianten im Leistungssportbereich praktiziert: Wohnen und Schlafen in größeren Höhen (2500 bis 3000 Meter), Training in gemäßigten Höhen (1000 bis 1200 Meter) bzw. Wohnen und Trainieren in gleicher Höhe.
3. Die Maßnahme sollte auf 3–4 Wochen angelegt sein. 4–6 Tage sind zur Anpassung notwendig, die Trainingsbelastung besteht vorrangig aus Dauerläufen. Wichtig ist dabei: Die Dauerlaufgeschwindigkeit ist in der Höhe deutlich geringer als im Flachland. Nach der Akklimatisation sind Trainingsleistungen wie unter Normalbedingungen möglich. Die Akklimatisation bei häufigen Höhenaufenthalten reduziert sich.
4. Training in der Gruppe ist nicht immer von Vorteil (individueller Leistungszustand).
5. Höhentraining sollte unter Kontrolle eines Mediziners oder Physiotherapeuten durchgeführt werden, zumindest aber unter ständiger Pulskontrolle. Das gute Gefühl allein reicht nicht aus!
6. Körpersignale beachten. Schlaflosigkeit, Appetitlosigkeit, erhöhte Pulswerte können auf Übertraining hinweisen. In der Höhe ist der Flüssigkeitsverlust (durch Atmung, intensive Sonneneinstrahlung) größer, deshalb sind die Trinkgewohnheiten anzupassen. Infektgefahren für die Atmungsorgane sind größer.

Das majestätische Dreigestirn Eiger, Mönch und Jungfrau zum Greifen nah

Trainingslager, Trainingsseminare

Für den leistungsorientierten Läufer spielt das Trainingslager eine besondere Rolle, auch wenn dem Begriff »Lager« ein Hauch von Mehrbettenzimmer, Mahlzeiten à la Großküche, geregeltem Tagesablauf mit Weckruf und Schlafzeiten umweht. Das Trainingslager moderner Prägung spielt sich freilich eher in Hotels mit entsprechendem Komfort und Individualität ab. Viele Vereine bieten zu Ostern oder anderen Terminen derartige Trainingslager als einen der geselligen Höhepunkte im Vereinsleben an,

Schwindelfreiheit vorausgesetzt, entlohnt ein unvergesslicher Panoramablick die Mühen des Aufstiegs

mit oder ohne Familie. Ideale Laufstrecken sollen ebenso für den entsprechenden Feinschliff für die Saison sorgen wie ein Tapetenwechsel nach tristen Wintermonaten. Weitläufige Strände oder Schatten spendende Pinienwälder an Nord- und Ostsee, den klimatisch günstigen Zonen wie der französischen Atlantikküste oder in Italien, Spanien und Portugal sind dabei bevorzugte Zielorte. Seltener spielen die oftmals wenig lauffreundlichen Touristenzentren in Tunesien und Marokko oder die nur mit größerem finanziellen Aufwand zu erreichenden Überseegebiete eine Rolle. Themen wie Laufstil, Trainingsgestaltung und Ernährung sind attraktiv und locken mehr und mehr die Läufer aller Leistungskategorien und Altersklassen zu Trainingsseminaren. Charly Doll und Herbert Steffny im Hochschwarzwald, Bruno Lafranchi in Davos, Markus Ryffel und Thomas Wessinghage in St. Moritz oder Elly van Hulst in Portugal mögen hier stellvertretend für die Vielzahl von Anbietern stehen. Prominente nach Abschluss ihrer aktiven Laufbahn konkurrieren dabei mit zahlreichen in der Szene wenig bekannten Referenten, die aber mit viel Engagement und Ausdauer die Klientel auf die richtige Laufspur bringen möchten – Animation im wohlverstandenen Sinne. Egal ob Wochenende oder Wochenveranstaltung, allen gemeinsam ist Training und Zusammensein mit Gleichgesinnten und der erhoffte Anschub. Der Erfolg liegt auf der Hand, denn insbesondere Läufer sind Individualsportler, die aufgrund nur loser Bindungen im Verein oder beim Lauftreff dennoch den sozialen Kontakt suchen.

Laufen und Umwelt

Es grenzt ans Paradoxe, wenn gesundheitsbewusste Läufer durch ihre Aktivitäten in der Natur diese zusätzlich belasten. Was können Läufer, Vereine, Veranstalter und Verbände tun, um den Laufsport möglichst umweltverträglich zu gestalten, damit Massenbewegung nicht gleich Umweltunverträglichkeit bedeutet? Dass das nicht sein muss, haben große Veranstaltungen mit viel Fingerspitzengefühl bereits bewiesen.

Laufen und Umweltverträglichkeit: ein wichtiges Thema aller Laufveranstaltungen

So haben sich landschaftsorientierte Läufe in der Schweiz schon vor einigen Jahren strengen Umweltregeln unterworfen. Bei den großen Marathonläufen hierzulande gibt es in den Bereitschaftsbeuteln aus Jute oder dem rückstandslos verbrennenden Polyethylen neben einer Vielzahl von Werbematerial auch einen Schwamm, den jeder Läufer mit sich führen muss, um sich an den zahlreichen Wasserstellen abkühlen zu können. »Und ihn vielleicht im nächsten Jahr wieder zu benutzen«, wie Berlin-Marathon-Chef Horst Milde hofft. Müllvermeidung ist angesagt. Wo er kaum vermeidbar ist, sind zumindest die recyclingfähigen Papierbecher zur Standardausstattung geworden. Große Sammelcontainer warten unmittelbar neben den Verpflegungsständen auf die weggeworfenen Reste. Auch wenn die mit Wärmefolien umhüllten Marathon-Finisher als »Rauscheengel« stets ein beliebtes Fotoobjekt bei Stadtmarathonläufen sind: Recycling ist nur die zweitbeste Lösung. Müllvermeidung sollte trotz aller gesundheitlichen Vorkehrungen oberstes Gebot sein.

Viele Kilometer kommen zusammen, viele Liter Benzin werden verbrannt, ehe der erste Laufschritt getan ist. Mit der Startnummer kombinierte Bahntickets gibt es derzeit nur in der Schweiz. »Run & Rail« könnte auch ein Thema für die um Kunden bemühte Bahn sein. Wenn schon hierzulande Stadtmarathonläufe mit Start und Ziel an attraktiven Plätzen der große Renner sind, dann sollte auch die gerade hier vorhandene Infrastruktur für eine derartige Massenveranstaltung effektiver genutzt werden. So verweisen die Berliner auf 55 000 Touristen, die das Marathonereignis zum Anlass nehmen, die alte und neue Hauptstadt zu besuchen – und für zusätzliche 54 Millionen DM Kaufkraft sorgen.

Die Psyche des Marathonläufers

Die richtige Harmonie zwischen dem Körper und der Psyche ist der entscheidende Faktor für nur mäßigen oder guten Erfolg. Deshalb muss eine Vorbereitung umso zeitiger beginnen, je länger die Wettkampfdistanz ist – psychisch und physisch. Während kurze Läufe über 10 Kilometer auch einmal spontan und ohne besondere Erwartungshaltung eingeschoben werden können, bedarf die Vorbereitung auf einen Marathonlauf 10–12 Wochen. Schließlich will man auf den Punkt fit sein. Entscheidend ist dabei nicht nur das aktuelle Leistungsvermögen, sondern auch die mentale Stärke.
Beim Frankfurt-Marathon 1999 nutzten zahlreiche Marathonläufer das Angebot eines Sportpsychologen zu einem Gespräch zwischen dem Konsumtrip in den Messehallen

Rechtzeitige Vorbereitung ist der halbe Erfolg

Viele Marathonläufer glauben, in den letzten beiden Wochen möglichst alles aufholen zu müssen, was sie vermeintlich in den davor liegenden Wochen verpasst haben (könnten). Hier gilt die Regel: Nicht die Trainingsleistung der Schlusswoche ist entscheidend, sondern die Trainingsinhalte der vorangegangenen Wochen. Die meisten Marathonläufer trainieren zu lange auf das große Ziel hin und gönnen sich nicht die erforderliche Ruhe vor dem Tag X. Was allerdings nicht heißen soll, dass kleine, aber gezielte Reize ausbleiben müssen. Nein, sie sind besonders wichtig, um die Spannung der Muskulatur zu erhalten, so zum Beispiel einige (wenige) intensive Trainingsläufe über Teilstrecken im oder leicht über dem angestrebten Renntempo.

Mentale Vorbereitung

Wer möchte das nicht, erfolgreich sein? Im Beruf, in der Familie, im Freundeskreis und im Sport – rundherum Zufriedenheit. Dies ist ein Idealzustand, und Selbstzweifel gibt es immer wieder. Warum klappt es bei anderen, während man selbst mit vielen Problemen zu kämpfen hat? Man teilt die Mitmenschen in Glückspilze und Pechvögel ein...
Sportliche Leistungen und mentale Stärke sind zwei unzertrennliche Größen. Körperlich fit zu sein reicht heute für den Erfolg nicht mehr aus. In einer spontanen Umfrage beim hochalpinen Swiss Alpine Marathon über 78 Kilometer und 2300 Höhenmeter bezifferten die Teilnehmer die psychische Komponente für ein erfolgreiches Abschneiden auf 30 Prozent. Den »Rest« machen nach Auf-

fassung der Teilnehmer Kondition und Technik aus. Es sind zwar die Beine, die den Läufer über die Strecke tragen, es ist der Organismus, der die nötige Energie für die 42,195 Kilometer liefert. Die Steuerung jedoch geschieht im Kopf, das richtige Kräftehaushalten, die zielgerichtete Tempowahl. Das Gehirn verarbeitet die Körpersignale, entwirft Strategien zur Bewältigung der Herausforderung. Der Weg zum Erfolg, zur Zufriedenheit ist eine Gratwanderung. Der Erfolg liegt zwischen den Ohren!

Stichwort: Runner's High

Viele Marathonläufer kennen das Gefühl, plötzlich auf Wolke sieben zu schweben. Und weil vielleicht das befürchtete An-die-Wand-Rennen ausbleibt. »Runner's High«, so nennen die Marathonläufer jene Glücksmomente. Es sind die Endorphine, die den Marathonläufer jubilieren lassen. Der Hypothalamus initiiert die Produktion von körpereigenen Drogen wie zum Beispiel die Endorphine, die

Die Faktoren zum 100-prozentigen Erfolg

Entspannung: Gehen Sie entspannt in das Rennen. Schalten Sie einige Minuten ab, erinnern Sie sich an die guten Trainingsergebnisse. Unterhalten Sie sich beim Einlaufen mit einem Trainingskollegen. Nichts Tiefschürfendes, eher Belangloses – oder über eine nette Begebenheit am Rande der Veranstaltung.

Konzentration: Sie haben alles richtig gemacht, alles ist bestmöglich vorbereitet. Besinnen Sie sich auf Ihren Körper, lassen Sie die Hektik des Umfeldes vor oder hinter der Startlinie nicht an sich heran. Vertrauen Sie Ihrer Leistungsfähigkeit, Ihrer Selbsteinschätzung. Lauschen Sie Ihrem Atem, Ihrem Herzschlag. Finden Sie zu sich.

Sicherheit: Seien Sie sicher, in der Vorbereitung alles im Bereich des Möglichen getan zu haben. Glauben Sie an Ihr Leistungsvermögen!

Stärke: Stellen Sie sich den Wettkampf vor Ihrem geistigen Auge vor. Gehen Sie Kilometer für Kilometer durch, vor allem die »schweren« jenseits der 30-Kilometer-Marke – und beschließen Sie, die Kräfte nicht bereits im ersten Abschnitt zu vergeuden. Denn Ihre Stärke kommt erst im Schlussteil, wenn andere kräftemäßig abbauen!

Verdrängen: Negativerlebnisse in der Vorbereitung gehören der Vergangenheit an. Sie nehmen heute einen neuen Anlauf, Sie haben sich realistische Ziele gesteckt.

Freude: Stellen Sie eine Beziehung zur Natur her. Freuen Sie sich über einen noch so tristen Morgen, über den Abend, auch wenn der Tag stressig war! Freuen Sie sich über das zarte Frühjahrslaub oder über die kräftige Herbstfärbung. Genießen Sie den Augenblick!

Auf Wolke sieben...

über die Hypophyse (Hirnanhangdrüse) in den Blutkreislauf gelangen. Diese Botenstoffe haben unter anderem die Eigenschaft der Schmerzminderung, da sie vom Gehirn nach starken Schmerzen freigesetzt werden und sich an spezifische Rezeptoren der Schmerzempfindung binden. Andererseits steht der Hypothalamus auch mit dem limbischen System in Verbindung, das für emotionale Regungen verantwortlich ist. Verschiedene Untersuchungen haben einen Zusammenhang zwischen Belastungsintensität und Endorphinspiegel im Körper erforscht. Offenbar sind gewohnte Bewegungsformen geeignet, die Ausschüttung der stimulierenden Hormone anzuregen. Bei Feldtests konnte bewiesen werden, dass Marathonläufer beim Laufen einen höheren Endorphinspiegel aufweisen als bei einer Fahrrad-Ergometerbelastung. Radrennfahrer bestätigten in der Umkehrung diese These.

Weiterführende Forschungen führen aber auch zu dem Schluss, dass nicht nur die körperlichen Belastungen endorphinausschüttend wirken, sondern bereits die Vorstellungskraft. Wenn also vom »Bazillus Marathon« gesprochen wird, der Teile der Bevölkerung befallen habe, dann heißt dies schlussendlich nichts anderes, als dass unsere Gesellschaft in vielfältiger Weise »drogenabhängig« ist. Und wenn es nur die körpereigenen sind, die »high« machen!

Ausrüstung

Welcher Schuh ist der richtige?

Vor Beginn der aus USA nach Europa herüberschwappenden Joggingwelle gab es nur den »Turnschuh«, von Adidas, Puma oder Brütting. Diese Modelle deckten den Markt hierzulande nahezu komplett ab. Wer kennt sie nicht, die Klassiker der Laufszene mit den bodenständigen Namen »Achill«, »Meile« oder »Roadrunner«? Die Welt schien in Ordnung, bis Nike mit den Modellen »Pegasus« und »Tailwind« revolutionäre Luft auf den deutschen Laufschuhsektor blies. Mit der Air-Sohle entstand ein bislang nicht gekanntes Laufgefühl. Geringeres Gewicht, Flexibilität, Stabilität und Dämpfung begeisterten, die zum Teil schrillen Farben waren ein Blickfang – aber alles kostete seinen Preis. Das war vor 20, 30 Jahren.
Seit dieser Zeit scheint jedoch der Laufschuhmarkt keine Grenzen mehr zu kennen, die Anzahl der Anbieter wächst, die der Modelle ist kaum noch überschaubar. Technische Neuerungen verwirren des Läufers Gehirn. Mit Air-, Gel-, Cell- und Hydro-Flow-Sohlen gelang eine revolutionäre Weiterentwicklung. Andere Innovationen wie »Pump«, »Disc«, »Kinetic Wedge« oder »Energy Return System« sorgten für Wirbel und verschwanden gleich schnell, wie sie gekommen waren.
Vieles entpuppt sich als reines Marketinginstrument, vieles jedoch hat sich im Anspruchsdenken der Läufer durchgesetzt und ist längst zum Kassenschlager geworden. Im Halbjahrestakt überfluten neue Modelle den scheinbar unersättlichen Markt, die Sportartikelbranche hat längst das große Potenzial entdeckt, das die Läufergeneration am Beginn des neuen Jahrhunderts zu einer interessanten Klientel macht. Begleitet wird das Bemühen um Marktanteile freilich durch umfangreiche und aufwendige Materialprüfungen und biomechanische Messreihen, die im Mittelpunkt stehen, noch ehe auch nur ein Laufschuh in Produktion geht.
Bei allen pfiffigen Werbestrategien ist eines gleich geblieben, die Anatomie des Läufers und die damit verbundenen objektiven Anforderungen, die an einen Laufschuh zu stellen sind. Geblieben sind auch die bis zu 450 Bodenkontakte pro Kilometer, bei denen der Fuß mit seinem Zusammenspiel von 20 Muskeln, 26 Knochen und 112 Bändern das komplette Körpergewicht abfangen muss. Je mehr uns dies bewusst wird, desto stärker werden wir auf den individuellen Laufschuh achten müssen, der uns Kilometer um Kilometer voranbringt. Welches der Modelle für den jeweiligen Läufer in Frage kommt, können erst Kenntnisse über den Laufstil, die anatomischen Voraussetzungen und natürlich die Verwendung des Schuhs entscheiden. 300 Schuhmodelle im

Regal, Preise zwischen 100 und 300 DM – eine scheinbar unüberwindliche Hürde beim Schuhkauf. Oftmals scheint ein Fehlkauf praktisch vorprogrammiert.
Was sind nun die wichtigsten Eigenschaften eines Laufschuhs? Ein »Dreisatz« steht im Mittelpunkt des (Kauf-)Interesses, und dieser heißt: Dämpfung, Führung und Stabilität. Insider wissen längst: Gedämpfter Aufprall ist nicht (mehr) alles, auch wenn es nach wie vor wichtig ist, den Aufprallschock unter der Ferse abzumindern und die Abrollbewegung des Fußes zu sichern. Eine zu starke Dämpfung kann sogar zu Achillessehnenbeschwerden führen. Für jeden Freizeitläufer sollte die Stabilität im Vordergrund stehen, nicht das Gewicht. Schon die kleinste unnatürliche Einwärtsbewegung (Überpronation) kann eine schädliche Ausgleichsbewegung im Knie provozieren, die ihre Fortsetzung in der Hüfte findet. Überbelastung – eine leider zu häufig gestellte Diagnose am Ende einer Kettenreaktion.
Mit Wettkampfschuhen geht oftmals aufgrund des einzusparenden Gewichts ein gewisser Verlust an Dämpfung, Führung und Stabilität einher. Wie der Name sagt, sollten diese im Freizeitbereich, wenn überhaupt, nur für die eigentlichen Wettkämpfe und damit in angemessenem Trainingszustand angezogen werden, auch wenn so manche Trainingseinheiten durchaus Wettkampfcharakter haben können. Trainingsschuhe sollten da-

Marathonfüße

Das Laufschuh-Lexikon

● Abrieb
Der Abrieb der Laufsohle ist im Normalfall geringer als die Ermüdung der Zwischensohle, dennoch ist der Abrieb ein gutes Kriterium, dass die ursprünglichen Eigenschaften des Laufschuhs stark beeinträchtigt sind.
Tipp: Nach der Hälfte der durchschnittlichen Lebensdauer sollte ein baugleicher neuer Trainingsschuh im Wechsel getragen werden.

● Dämpfungssysteme
Jeder Laufschuhhersteller bietet sein eigenes Dämpfungssystem an, die sich im Ansatz und in der Wirkung durchaus unterscheiden (können). So bietet Adidas Adiprene (Gummipolster), Asics Gel (silikonähnliche Polster), Brooks HydroFlow (Polster mit Silikonöl), Fila 2A (luftgefülltes Kammersystem, Karbon/Kevlar-Fasern), Mizuno Wave (gewellte Plastikschiene), Nike Air (Kunststoffeinheit mit Gasgemisch), Puma Cell (Zellsystem in Wabenform aus PU), Reebok DMX (Kammersystem mit zirkulierender Luft in/aus den Belastungszonen) und Saucony GRID (Trampolinwirkung einer Kassette aus Hytrel).

● EVA (Ethylenvinylacetat)
Leichter Kunststoff als Zwischensohlenmaterial, in verschiedenen Härtegraden für Schuhinnen- und Schuhaußenseite einsetzbar. EVA ist nicht nur leicht, sondern hat auch gute Dämpfungseigenschaften. EVA-Zwischensohlen sind für leichte Läufer und Frauen geeignet.

● Fußtypen
Laufverhalten und Fußtyp beeinflussen sich in der Regel gegenseitig. Die Schuhhersteller unterscheiden bei der Konstruktion ihrer Modelle Normalfuß, Senkfuß und Hohlfuß. Der Normalfuß hat ein normales Fußgewölbe, beim Abrollen bewirkt eine natürliche Pronation das Abfedern des Aufpralles.
Der Senkfuß zeigt ein niedriges Fußgewölbe und hinterlässt einen kompletten Fußabdruck. Senk-/Spreizfüßler knicken nach der Landephase stark nach innen ab (Überpronation). Der Hohlfuß hinterlässt bei der Landephase nur Abdrücke im Vor- und Rückfußbereich. Hier fehlt der natürliche Aufprallschutz.

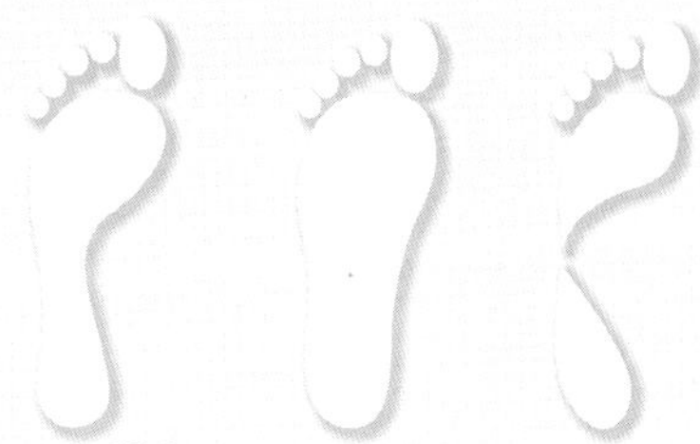

● Lebensdauer des Trainingsschuhs
Hängt vom Läufertyp und Schuhmodell ab. Trainingsschuhe können 500, 1000, aber auch 1200 Kilometer aushalten. Brüchigkeit und verringerte Dämpfung sowie Abnutzung der Außensohle sind wichtige Indizien für den Schuhverschleiß. Wettkampfschuhe haben eine erhebliche geringere Lebensdauer.

- **Leisten**
Es gibt verschiedene Versionen: gerade, gebogene und leicht gebogene Leisten. Sie entscheiden über die Passform des Schuhs.

- **Pronation**
Natürlicher Dämpfungsmechanismus des Fußes, der durch eine leichte Kippbewegung nach innen den Schwung beim Laufen abfedert.

- **PU (Polyurethan)**
Synthetischer Gummi als Material für Zwischensohlen. Im Vergleich zu EVA ist PU fester, schwerer und dichter, aber auch haltbarer. PU-Zwischensohlen sind für schwere Läufer geeignet, die einen festen, stabilen Schuh benötigen.

- **Reparatur**
Nicht immer ist ein an der Außensohle abgelaufener Schuh »fertig«. Abgelaufene Sohlen können durchaus noch repariert werden, meist ist aber die Zwischensohle schon frühzeitiger funktionsgemindert.

- **Supination**
Weitaus seltener als die Überpronation kommt die Unterpronation vor, also ein Abknicken nach dem Auftreten nach außen.

- **Überpronation**
Hierbei knickt der Fuß übermäßig stark nach innen ein. Um Verletzungen vorzubeugen, ist dem Abknicken durch außergewöhnliche Stützen im Schuh oder durch Einlagen vorzubeugen.

her eher ein Allroundmodell sein, das ausreichend Stabilität, Dämpfung, Flexibilität, Griffigkeit und Führung aufweist. Gemäß dem Slogan »Feet your wear« soll sich der Fuß im Schuh mit dem entsprechenden Freiraum wohl fühlen (sprich bewegen) können. Druckstellen, blutunterlaufene Zehennägel und Blasen sind erste, schmerzhafte Folgeerscheinungen mangelnder Passeigenschaften eines Laufschuhs.

Den optimalen Schuh wird es niemals geben, dazu sind die anatomischen Voraussetzungen und der Verwendungszweck zu unterschiedlich. Den passenden individuellen Schuh wird letztendlich Ihr Schuhhändler herausfinden können. Natürlich gibt es wie in jeder Branche auch hier schwarze Schafe – deshalb haben wir einen Händler-Check entwickelt, der Ihnen beim Schuhkauf zur Seite stehen kann.

Welcher Schuh ist der richtige?

Testen Sie Ihren Schuhhändler!

1. Grundregel: Welche Marathon-Bestzeit der Händler hat, interessiert niemand und drückt keinerlei Fachkompetenz aus!

2. Grundregel: Je kleiner das Angebot, desto eingeschränkter kann die Beratung erfolgen!

3. Grundregel: Beginnt der Händler das Verkaufsgespräch mit einem »Körper-Check« und fragt nach Gewicht, Fußtyp, Beinstellung/-achse, können Sie Vertrauen haben und sich weiterberaten lassen. Wenn nicht, dann nehmen Sie sich die Freiheit und gehen Sie!

Händler-Check

Passen diese Eingangskriterien, dann können Sie den Händler-Check beginnen.

Check-Punkt 1: Fragt der Händler nach der Verwendung des Schuhs (regelmäßiges oder nur gelegentliches Training, eher Freizeitschuh oder Zweitschuh zum Wechseln)?

Check-Punkt 2: Fragt der Händler nach weiteren Laufgewohnheiten (querfeldein, Wald- und Naturwege, Straße, Bahn)?

Check-Punkt 3: Fragt der Händler nach Ihrer Laufleistung, den Kilometerumfängen?

Check-Punkt 4: Fragt der Händler nach früheren Verletzungen?

Check-Punkt 5: Fragt der Händler nach dem Verschleiß am getragenen Trainingsschuh? Nach einer stärkeren Abnutzung am Sohlenprofil? Nach mitgebrachten abgelaufenen Schuhen?

Check-Punkt 6: Fragt der Händler nach Ihren favorisierten Marken?

Check-Punkt 7: Fragt der Händler nach Ihren Laufgewohnheiten, ob Sie zum Beispiel beim Laufen Socken tragen?

Check-Punkt 8: Erklärt der Händler den Aufbau, die Funktion der Modelle? Nennt er Vorzüge und Nachteile des Modells X oder Y?

Check-Punkt 9: Erfolgt die Beratung mit oder ohne Engagement?

Check-Punkt 10: Gibt es eine Testmöglichkeit vor oder im Laden?

Beurteilung:

Wenn mindestens acht der zehn Händler-Check-Punkte positiv sind, dann können Sie bedenkenlos diesen Händler als »Ihren« Händler ansehen!

Nehmen Sie Reißaus, wenn Sie der Händler von einem bestimmten Modell überzeugen möchte!

Nehmen Sie Reißaus, wenn der Händler die modischen Vorzüge in den Vordergrund stellt oder suggeriert, dass dieses oder jenes Modell auch der Läufer X trägt!

Nehmen Sie Reißaus, wenn der Händler aufdringlich wird!

Seien Sie vorsichtig, wenn der Händler plötzliche Sonderkonditionen ins Spiel bringt.

Nützliches und Unnützes auf dem Weg

Die Sportartikelindustrie boomt. Die Zuwachszahlen im Freizeit- und Fitnessbereich sind beachtlich. Unternehmen Sie mit uns einen Streifzug durch den Dschungel der Angebote und werten Sie aus, was Ihnen nützlich oder weniger nützlich erscheint.

- Laufkinderwagen gehören inzwischen zum Erscheinungsbild eines Laufes, vorausgesetzt, die Topographie und örtlichen Eigenheiten lassen den Einsatz des Babymobils zu. Die aerodynamisch-leichten Dreiräder sind Papas und Mamas liebstes Begleitutensil, wenn es entweder mit dem Babysitter nicht klappen sollte oder einfach dem Elternstolz zuträglich ist. Sie heißen Baby Jogger, Fun Walker, Zwinner oder Boogy Sport. 16-Zoll-Räder sind die Regel, im geländegängigen Einsatz auch 20-Zoll-Räder. Aber es gibt auch Mischformen mit 16- und 20-Zoll-Rädern. Zum Vergleich: Die stadttauglichen Kinderwagen messen 12 Zoll, Abweichungen nach oben oder unten sind natürlich gegeben. Auf dem Markt sind feste oder auch variable Griffhöhen. Die Preiskategorien schwanken je nach Ausstattung (Sonnen- und Regendach, Sicherheitsgurte, Netzkorb), zwischen 400 und 1000 DM.

- Wer wünscht sich das nicht, Trainingseffekte im Sitzen oder Liegen? Bei den so genannten Muskelstimulationsgeräten gibt es Programme für die Kraftentwicklung, für die aerobe und anaerobe Ausdauer, die aktive Erholung und Kapillarisierung des Muskelgewebes. Im Prinzip verstehen sich die Geräte lediglich als Ergänzung zum aktiven Training und basieren auf Reizstromwirkung, die über Pads den entsprechenden Muskelgruppen zugeleitet werden. Trainieren muss also jeder Läufer doch noch selbst.

- Wohin damit? Das Fünfmarkstück für das Bier im Gartenlokal, der Auto- oder Haustürschlüssel kann mehr Kopfzerbrechen bereiten, als einem

Baby an Bord

Läufer lieb ist. Unter dem Slogan »Er trägt weder Jacke noch Hose und hat doch alles dabei« gibt es die »Moneybox for Actives«. Tragbar um den Hals oder die Taille, am Hosenbund oder klassisch am Handgelenk enthält sie Fächer für Münzen und natürlich Karten, aber auch Ösen für Schlüssel. Wo bleibt da noch Raum für das unvermeidliche Mobiltelefon?

• Läufer lieben Regen und Schlamm, vor allem dann, wenn es in den Laufschuhen so schön quietscht und quakt. »Porelle drys« ist eine wasserdichte Polyurethan-Membran, die in Socken eingearbeitet wird und die Füße warm und trocken hält, aber

Schmutziges Sporttreiben...

gleichzeitig den leidigen Fußschweiß entweichen lässt. Somit werden hier zwei Eigenschaften vereint, die eigentlich unvereinbar sind: wasserdicht und atmungsaktiv.

• Je nach Stimmungslage lässt sich ein Mikrofaserschlauch verwandeln. Egal ob verwegen als Pirat, als unbekannter Draufgänger mit Sturmhaube, klassisch konservativ als Mütze, brav als Halstuch oder stürmisch als Haarband, der farblich variablen Kreativität sind keine Grenzen gesetzt.

• Jeder Läufer kennt sie, kaum einer spricht darüber: über die Scheuerwunden. Schon eher über die Blasen an den Füßen. Die auf Hirschtalgbasis zusammengestellte Sportsalbe »Second skin« soll Abhilfe schaffen, aber auch bereits vorbeugend wirken.

• Brillenträger aufgepasst! So könnte das Motto eines Anbieters lauten, der Brillenrahmen aus bruchsicherem Polykarbonat und Nasenstützen aus weichem Silikon, ein dekoratives Gummiband und natürlich die Gläser mit individuellen Dioptrien anbietet. Oder der elastische Gürtel mit Klettverschluss zur Lösung aller (?) Transportprobleme zum Mitführen von diversen Trinkflaschen, Gels und Mineraltablettenröhrchen. Oder das Fußdeo mit der Fußpilz-Schutzsohle, das Zahnputz-Taschenset für die Jetset-Generation unter den Marathonläufern, der Dosierspender mit Hautlotion und die Creme mit variablem Sonnenschutzfaktor zwischen 2 und 30.

- Ein Zusatzernährungsanbieter offeriert für die Wintermonate »Frustschutz« zur Stärkung des Immunsystems. Mit aus der Werbung bestens bekanntem ACE oder einem »BaRi« gegen (!) Übersäuerung der Muskeln. Die nach intensivem Training erforderliche Regeneration kann demzufolge am Beginn des 21. Jahrhunderts ersatzlos gestrichen werden…

- Nun gibt es in der konsequenten Umsetzung des »kleinen« Unterschieds auch die anatomisch geformten rechten und linken Socken für die Frau. Vorbei der Unisex-Socken, da der Anbieter mit schmaleren Schnitten und einer kürzeren Beinlänge den Proportionen des anderen Geschlechts Rechnung trägt.

- Einst hieß der kleine Handliche schlicht und ergreifend Walkman, heute erfüllen CD-Player, Mini-Disk oder Mini-Kassetten-Tape den Wunsch nach Musik beim Laufen. Der Knüller auf dem Markt ist ein Walkman mit Radio und Exercise-Monitor, der Laufdistanz, Kalorienverbrauch, Lauffrequenz und natürlich die Zwischenzeiten mit Zehn-Runden-Speicher ausweisen kann. Zwischen Bach oder Hip-Hop ein kleines Temporündchen mit Kilojoule-Verbrauchsangabe?

- Ein begehrtes Ziel beim größten deutschen Marathonlauf ist natürlich der Souvenirbereich. Neben den gängigen Artikeln wie den verschiedenfarbigen T-Shirts mit Logos in klassischer oder witziger Ausführung, den Poloshirts oder Rucksäcken gibt es auch ausgefallene Produkte, die schlichtweg ein Muss für jeden Marathon-Fan sein dürften… So die Marathonkrawatte mit Klammer, diverse Muskelsalben, die coole Marathonbrille oder die »double gloves« aus Fleece, die zum Paarlaufen animieren oder bei einem attraktiven Laufpartner anbandeln helfen können.

- Der führende Hersteller von Herzfrequenzmessern bietet ein neues Gerät an, das nicht nur die aktuellen Herzfrequenzwerte angibt, sondern auch die optimale persönliche Trainingszone. Sie wird auf der Basis der Herzfrequenzvariabilität, der Zeitspanne zwischen den Herzschlägen, persönlicher Daten wie Alter, Gewicht, Geschlecht und der aktuellen Kalorienverbrauchsanzeige ermittelt. Mit traumwandlerischer Sicherheit zur neuen Bestzeit – für die ist der Läufer noch selbst verantwortlich.

Die Marathon-Landkarte

Die Anzahl der Marathonläufe weltweit steigt stetig, die Anzahl der Läufer an der Startlinie ebenso. Viele Veranstalter haben begriffen, dass Marathon mehr als nur 42,195 Kilometer lang laufen bedeutet. Ein attraktives Umfeld tut ein Übriges, Marathon wird zum gesellschaftlichen Ereignis. Politiker nutzen plötzlich das schweißtreibende Massenspektakel, um Wählerstimmen zu gewinnen, ebenso wie Stars aus der Unterhaltungsbranche für Umsatz- und Einschaltquoten. Schnelle Marathonstrecken konkurrieren mit besonders schönen um die Läufergunst. Gewinner sind sie alle.
Die Qual der Wahl hat der Marathonläufer bei seiner hoffentlich langfristigen Planung. Hier soll ein kleiner, angesichts der Vielzahl der Veranstaltungen rund um den Globus gewiss nur unvollständiger Beitrag zur Entscheidungsfindung geleistet werden.

Schön versus schnell – ein Überblick über Marathonstrecken

Der Fall der Mauer am 9. November 1989 ließ den **Berlin-Marathon** steil zu einem der größten, bestbesetzten und nachweislich schnellsten Marathons weltweit avancieren. Ende Sep-

Monsieur Michel, der bekannteste Franzose auf deutschem Marathonterrain

tember des Folgejahres schon machten 25 000 Marathonläufer die von dem inzwischen pensionierten Konditor Horst Milde nachhaltig geprägte Veranstaltung zum Renner des Jahres. Mit einem Schlag rückte Berlin in eine Reihe mit London und New York. Formeller Beleg: der Zehnerschnitt der besten Marathonzeiten und natürlich die beiden Weltbestzeiten, für die 1998 der Brasilianer Ronaldo da Costa und 1999 die Kenianerin Tegla Loroupe sorgten. Imagepflege bedeuteten jedoch die Hausrekorde nicht gezählter Marathonläufer aller Leistungsstärken und Alterskategorien. Im Zeitalter des Gigantismus purzeln Rekorde im Jahrestakt. Die Berliner haben es verstanden, im Jahr eins des Pizzagroßbäckers und Titelsponsors Alberto die 30 000-Teilnehmer-Marke zu durchbrechen, dies freilich unter Zuhilfenahme von Inlinern, Rollstuhlfahrern und dem Marathonnachwuchs der Berliner Schulen, die jedoch nur ein Zehntel der Marathonstrecke laufen und 1999 schon über 5000 Teilnehmer an den Start bringen konnten. »Flach, schnell, unvergesslich« überschrieben die Berliner die 26. Auflage des Berlin-Marathons 1999 und meinten damit das Laufspektakel mit 16 offiziellen Verpflegungsstellen und 401 inoffiziellen Verpflegungspunkten (sprich Kneipen jeglicher Art), der längsten Jazzmeile der Welt, den 60 Kapellen, den Samba-Bands und den vielen unangemeldeten Jazzern, DJs und sonstigen Geräuschelementen der Zuschauer an der Strecke, der großen Marathon-Expo in den Messehallen am Funkturm mit Sport-/Gesundheitsmesse, einem Bühnenprogramm mit Round-Table-Gesprächen und dem Cyber Cafe, den Sprachlotsen aus 72 Nationen im Ziel und letztlich den 360 Massageschülern der Berliner Physioschulen. Die 4000 Helfer vor und hinter den Kulissen runden die »Lauf-Parade« in der Hauptstadt eindrucksvoll ab.

Hamburg-Marathon 1999

Der Wechsel der Verantwortlichkeit von Wolfgang Kucklick zu Wolfram Götz ging mehr oder weniger lautlos vonstatten, die kontinuierliche Weiterentwicklung des **Hamburg-Marathons**, egal ob Shell oder Hansaplast als Titelsponsor die Startnummer ziert, ist offensichtlich. Katrin Dörre-Heinig, Carsten Eich und Tendai Chimusasa prägten mit Spitzenergebnissen den attraktiven, weil stimmungsvollen Marathon zwischen Messe, der Reeperbahn, den Landungsbrücken, der Außenalster und Harvestehude. Aber auch die Promis im großen Pulk der inzwischen 14000 Marathonläufer wie der omnipotente Teenie-Schwarm Joey Kelly und der vom Abgeordnetenkicker zum Marathonmann gewandelte Bundesaußenminister Joschka Fischer, nach kompetenter Anleitung des früheren WM-Dritten Herbert Steffny. Wie Berlin im Herbst ist Hamburg im April ein Muss für jeden Marathonläufer geworden, Organisation und Atmosphäre stimmen wie selten: Garantie für schnelle Endzeiten. Andernorts wird ausgelassen Karneval gefeiert, in Hamburgs Straßen mit ähnlicher Begeisterung Marathon zelebriert. Da verliert selbst der kühle, zurückhaltende Norddeutsche einmal im Jahr die Fassung.

100 Jahre nach der ersten offiziellen Marathonmeisterschaft 1898 in Leipzig feierte der EtaMarathon in **Frankfurt** das Jubiläum mit der Integrierung der deutschen Meisterschaften. Eifrige Recherchen ergaben jedoch nach Prägung der Jubiläumsmedaillen, dass bereits ein Jahr vor Gründung der Sportbehörde für Athletik in Leipzig ein Marathonlauf stattgefunden hatte. Das konnte freilich die Frankfurter nicht davon abhalten, mit dem Jubiläum »100 Jahre Marathon in Deutschland« durchzustarten. Schließlich dürfen sich die Organisatoren am Main als Veranstalter des ältesten deutschen Stadtmarathons rühmen. Zwar sind längst Berlin, Hamburg und Köln teilnehmermäßig an den Hessen vorbeigezogen, im Schatten des Messeturmes haben die Frankfurter beim Marathon der kurzen Wege mit Festhalle und Athletenhotel Marriott an Start und Ziel aber ein ausgewogenes Spitzenfeld. Mit 2:10:59 und 2:26:44 Stunden halten Michael Fietz und Katrin Dörre-Heinig die Streckenrekorde einer Veranstaltung, die sich trotz aller Bemühungen mehr oder weniger deutlich unter der 10000-Teilnehmer-Marke aufhält. Die Sightseeing-Tour durch Euro-City unterliegt dynamischen Baugesetzen – so ist in »Mainhattan« stets mit Streckenkorrekturen zu rechnen.

Als »Karneval der Beine« entpuppt sich im Schatten des Kölner Domes der Ford **Köln-Marathon**. Kein noch so schlechtes Wetter konnte bislang die Kölner von ihrem »Zoch« abhalten – das dürfte wohl auch ohne Abstriche für den Marathon gelten, der, furios gestartet, auf Anhieb zu einer festen Größe in der deutschen Marathon-Landschaft geworden ist. Die sportliche Variante des Karnevals findet zur Entzerrung der stimmungsstrapazierten Rheinländer mit deutlichem Abstand zu den »tollen Tagen« am ersten Oktobersonntag statt und bringt ebenso halb Köln auf die Beine. Was eigentlich kein Wunder ist angesichts der großzügig gesperrten Innenstadt, wenn »d'r Zoch kütt« über die spinnennetzartig angelegte Strecke zwischen der Hohenzollernbrücke und dem Roncalliplatz. Auch wenn die vermeintlichen Favoriten mangels gleichwertiger Konkurrenz

Der Frankfurt-Marathon hat bereits eine lange Tradition

zum Durchmarsch starten konnten, deuten die Streckenrekorde durch Carsten Eich und Angelina Kanana mit 2:10:55 und 2:27:29 Stunden auf eine schnelle Strecke hin. Wer es liebt, im geordneten Chaos einen stimmungsvollen Marathon zu erleben, der hat mit Köln eine gute Pflasterwahl.

Als Großstadt hat Wien immer Saison. Vor allem im Frühjahr, wenn der Prater zum Leben erwacht, die Heurigenlokale überfüllt sind – und die Marathonläufer zum **Wien-Marathon** antreten. Der Konkurrenz mit Rotterdam, Paris und Hamburg überdrüssig, beschert der Wechsel in den Mai hinein ein größeres Läufergedränge. Die Musik-Metropole mit 34 000 Opern-, Konzert- und Theatersesseln öffnet sich den Marathonläufern, die Strecke gleicht einem Lauf durch die Geschichte. Zugegeben etwas profiliert. Dass zu Wien natürlich der Kaiserschmarrn gehört, das hat sich längst weltweit herumgesprochen. Wo andernorts die Pasta- oder Kartoffelparty den Kohlenhydrathunger im Schnelldurchgang stillen soll, da glänzen die Wiener mit ihrer landesüblichen Spezialität.

Außergewöhnliches und Kurioses

Einmalig in der Laufszene ist die Möglichkeit, sich beim **Karlsruhe-Marathon**, der sich 1999 in **Baden-Marathon Karlsruhe** umbenannt hat,

nach der halben Distanz für den Zieleinlauf oder für die zweite Schleife zu entscheiden, je nach Gemütslage und Kondition. Was natürlich seine positiven und auch negativen Seiten hat.
Einmalig ist aber auch, wenn gleich zwei Marathonläufe am selben Tag in einer Stadt ausgetragen werden. Dieses Novum schaffte 1998 **Dresden**. Um 9 Uhr wurde der Elbe-Marathon I von Königstein nach Dresden gestartet, eine Stunde später der Elbe-Marathon II auf einer Pendelstrecke am Elbufer. Aufgrund der zeitlichen Nähe ließe sich für Hardcore-Ultras ein Doppelmarathon nicht verwirklichen, eher dokumentiert dies die Starrköpfigkeit diverser Lauf-Freaks in der bislang marathonlosen Landeshauptstadt Sachsens.
Hart an der deutsch-belgischen Grenze entlang geht es beim **Monschau-Marathon**, bei dem die Veranstalter alles hineinpacken, was die Landschaft und die heimische Gastronomie hergeben – und das ist einiges. Anstrengend, aber auch schön zugleich.
Als erste Generalprobe für einen Frühjahrsmarathon kann **Bad Füssing** stehen, wo Anfang Februar der Johannesbad-Winter-Thermen-Marathon durchgeführt wird und inzwischen (einschließlich der Teilstrecken) schon auf 1500 Starter kommt. Wenn der Winter wieder einmal in Bestform antritt, dann stehen Pudelmützen und Wintertights beim Rennen im Vordergrund und die Badehose beim anschließenden Relaxen in 35–40° C warmen Heilbädern.

Trotz oder gerade wegen der Terminquerelen mit dem Bayerischen Leichtathletik-Verband hat sich der **Regensburg-Marathon** mit seinen Teilstrecken etabliert, nicht zuletzt durch die Ausrichtung der »Deutschen« 1997. Die selbst ernannte bayerische Marathon-Hauptstadt lässt nichts unversucht, sich mit Charme und Engagement auf historischem Pflaster mit einem Lauf durch die Jahrhunderte für das nächste Jahrtausend in den Köpfen der Marathonanhänger einzuprägen.
Welcher City-Marathon hat schon ein »totes Rennen« vorzuweisen, wie es beim **Duisburg-Marathon** im Jahr 1998 gelang? Die Wiedergeburt des traditionsreichen Rhein-Ruhr-Marathons hat es im Konzert der Großen schwer, sich einen Stammtermin zu sichern. Duisburg, das bedeutet eine Streckenführung in einem Konglomerat aus Industrieansiedlungen mit interessantem Innenleben, öden Hafenanlagen und dem allseits bekannten Wedaustadion.
Anspruch und Wirklichkeit klafften im Vorfeld der Expo 2000 beim **Hannover-Marathon** auseinander, angesichts der gerade 1000 Marathonläufer lässt sich die Resonanz trotz großer Werbemittel innerhalb eines Jahres kaum auf das Achtfache vervielfältigen. Bei allen Ungereimtheiten der Organisation, mit 2:27:55 Stunden konnte die im Gesamteinlauf als Neunte einlaufende Claudia Dreher den Kurs zwischen Messegelände, Eilenriede und Maaschsee testen – und diesen für überaus schnell, aber einsam empfinden.

Wem die Stunde schlägt: quer durch die bayerische Marathon-Hauptstadt Regensburg

Marathonlaufen – die etwas andere Sightseeing-Tour

Die hochkarätigen deutschen Marathonveranstaltungen stehen Jahr für Jahr in Konkurrenz zu den internationalen Highlights in **Paris, Rotterdam, London, Rom, New York** und dem Klassiker in **Boston**, die nicht nur mit Weltbestmarken wetteifern, sondern auch mit großen Startfeldern beeindrucken. Sie alle haben eines gemeinsam: begeisternde Sightseeing-Touren vorbei an Kulturdenkmälern wie Forum Romanum, Kolloseum, Arc de Triomphe, Place de la Concorde oder Champs-Élysées, Coolsingel, Buckingham Palace oder Tower Bridge und eine perfekt ausgeklügelte Organisation für die große Masse der Marathontouristen. Wer sich freilich für die Geschichte der Olympischen Spiele der Neuzeit interessiert und »nebenbei« noch einen Marathon laufen möchte, der ist beim **Lausanne-Marathon** richtig, denn bei einem Aufenthalt am Genfer See lässt sich beides verbinden

Unser Blick geht in dieser Übersicht aber eher zu den außergewöhnlichen Marathonläufen, quer über den Globus hinweg.

Schnell laufen ist eine Sünde beim **Médoc-Marathon** in Paulliac, nördlich von Bordeaux zwischen der Gironne-Mündung und dem Atlantik, dem ultimativen Kick für alle Genießer des roten Presssaftes. 15 000 Bordeaux-Kenner möchten dieses Abenteuer jeweils am ersten Samstag im September erleben, doch nur die Hälfte

Gelöste Stimmung vor dem Startschuss

davon kommt in den Genuss – einer Startnummer. Die stramme Verkostung auf der Strecke verträgt man allerdings am besten mit einem entsprechenden Kostüm! Am Vorabend gibt es übrigens eine exzellente Pasta-Party in einem Riesenzelt, serviert wird ein Fünf-Gänge-Menü (für zusätzliche 50 DM). Der Erholungslauf am Sonntag ist gratis, einschließlich der diversen Weinproben zwischendurch.

Überhaupt nicht laufen durften die 3000 Starter beim **Rotorua-Marathon** in Neuseeland, als 1999 ein lang anhaltender Wolkenbruch mit 190 Litern pro Quadratmeter das Unternehmen Marathon komplett unmöglich machte. Die Läufer wurden mit dieser Absage übrigens erst zehn Minuten vor dem Start konfrontiert.

Seit 1997 gibt es den International **Sri-Lanka-Marathon** mit einer Hand voll modisch gestylter Ausländer – der »Rest« sind Einheimische, die entweder barfuß oder mit Badesandalen und ähnlichem Schuhwerk den Wendepunktkurs von Fort Galle der Südküste entlang durch Fischerdörfer und an von Palmen gesäumten Sandstränden vorbei zur Wende in der Touristenhochburg Hikkaduwa absolvieren. Die Hitzetour bei knapp 30 °C lässt sich durch die wohlmeinenden Wassergüsse der Bevölkerung eher ertragen, dennoch ist die Aussteigerquote reichlich hoch. Relaxen kann man anschließend im tiefblauen Indischen Ozean. Übrigens: Die Pasta-Party mit Nudel- und Reisgerichten und heimischem Fisch ist ein Gedicht. In den 20 Dollar Startgebühr eingeschlossen ist auch ein beeindruckendes Kulturprogramm zur Party und Medaille, T-Shirt und Urkunde für alle Finisher.

Im immer dichter werdenden Flickenteppich der Marathon-Veranstalter haben die Organisatoren des **Prag-Marathon** mit dem einst nach Prag ausgewanderten Neapolitaner Carlo Capalbo ihre Nische gefunden, denn mit einem 70-Prozent-Anteil von Ausländern unter den 3000 Marathonläufern innerhalb des 30 000-Läufer-Spektakels boomt der Lauf-Tourismus über die Pfingstfeiertage in der »Goldenen Stadt«. Die Strecke ist ein Kompromiss zwischen Sightseeing-Tour auf buckligem Pflaster durch die Altstadt samt Karlsbrücke und schneller Moldau-Pendelstrecke. Der frühere Marathon-Olympiasieger Gelindo Bordin bringt in Prag samt Equipment seines italienischen Sportausrüsters auch internationale Kontakte mit, zumal die Streckenrekorde von 2:08:52 und 2:28:33 Stunden Werbung genug sind für einen atmosphärischen Marathon.

Keo über alles heißt es im griechischen Teil Zyperns. Die Inselbrauerei sorgt sich nicht nur um die durstigen, vorwiegend teutonischen Biertrinker, sondern auch um die Liebhaber eines edlen Rebensaftes – und um die Marathonläufer. Die Mittelmeerinsel nämlich ist im Februar Schauplatz des kleinen, typisch mediterran organisierten **Paphos-Marathons** mit bislang 500 Startern samt aller Teilstrecken. Bei sommerlichen Temperaturen und einem anständigen Bergprofil hat der Inselmarathon gewiss auch seine Reize, wenngleich die schnellen Zeiten andernorts gelaufen werden. Dafür gibt's reichlich Obst und Döner.

Eine der großen Marathon-Herausforderungen ist zweifellos der **Jungfrau-Marathon** im Berner Oberland. Der frühere Ryffel-Trainer und Radiojournalist Heinz Schild hat aus dem Stand heraus den größten Schweizer Marathonlauf installiert, der von Jahr zu Jahr mehr Startwillige nach Interlaken ruft. Doch die Startnummern werden nach einem strengen Verteilerschlüssel schon in den Wintermonaten vergeben – so früh dürfte kaum ein Marathon weltweit ausgebucht sein. 3200 Läufer verträgt die Strecke, die nach einem flachen und leider oftmals zu schnellen Einrollen bis zur Halbmarathonmarke nach Lauterbrunnen führt, ehe die insgesamt 1810 Höhenmeter bis zur Kleinen Scheidegg vor dem majestätischen Dreigestirn von Eiger, Mönch und Jungfrau zu bewältigen sind. Als eiserne Regel gilt: Wer den Jungfrau-Marathon mit Anstand übersteht, der ist auch gerüstet für einen schnellen Herbstmarathon. Beleg dafür ist Franziska Rochat-Moser, die in Streckenrekordzeit von 3:22:49 Stunden Anfang September das Ziel auf der Kleinen Scheidegg schaffte und acht Wochen später zur Überraschung der Fachwelt den New-York-Marathon gewann.

Franziska Rochat-Moser auf dem Weg zur Streckenbestzeit beim Jungfrau-Marathon

Laufen in Israel ist angesichts der Religiosität der Bevölkerung und der politischen Spannungen im Land nur gering entwickelt, und dennoch gibt es mit dem **Tiberias-Marathon** am ersten Mittwoch des jeweils neuen Jahres einen weltweit bekannten Marathonlauf, der allerdings aufgrund seiner topographischen Gegebenheiten und der vorherrschenden Temperaturen als anspruchsvoll zu bezeichnen ist. Die Laufstrecke führt von Tiberias, einer Weststadt am Ufer des See Genezareth, zum Wendepunkt nahe der im Norden gelegenen Golanhöhen.

Nur für eine handverlesene Gruppe zugelassen ist der im Zwei-Jahres-Rhythmus stattfindende **Mount-Everest-Marathon,** dessen Schwierigkeit nicht allein in der 42 Kilometer tendenziell bergab führenden Strecke mit dem Start in Gorakshep auf 5200 Meter und dem Ziel in Namche Bazar auf 3600 Meter Höhe ist, sondern in der durch die extreme Höhenlage bedingten dreiwöchigen Anpassung vom Ausgangspunkt Katmandu und dem Gesundheitscheck am Vortag, bei dem schon so mancher Läufer zwangsläufig seine Ambitionen aufgeben musste. Den teilnehmenden Europäern blieb nach 6–8-stündigem Bergabsteigen im Zeitlupentempo nur das große Staunen über die nepalesischen Sherpas, deren bester den Marathon in knappen vier Stunden bewältigte.
Dank ihrer starken Präsenz bei deutschen Marathonläufen hat sich der **Malta-Marathon** in Läuferkreisen einen Namen gemacht. Die Punkt-zu-Punkt-Strecke verläuft insgesamt bergab, deshalb sind die hier erreichten Hausrekorde allenfalls für das persönliche Ego bedeutsam. Stürmisch kann es auf der Ferieninsel immer sein, der Unterschied ist dabei nur, ob der Wind auf dem Weg zwischen Mdina und Sliema störend von vorne kommt oder mit viel Schubkraft von Backbord. Großes Manko: Der Marathon verläuft durch dicht befahrene Straßen, was für die im Straßenverkehr rechts orientierten Europäer zum Problem wird, denn die Malteser fahren streng nach britischer Tradition links.

Einer der nördlichst gelegenen Marathonläufe wird in **Reykjavik** gestartet. Die Hauptstadt Islands entpuppt sich im August zu einem Läuferzentrum. Das Hauptproblem im nördlichsten Zipfel Europas ist das Wetter. Regen, orkanartige Windböen oder herrliche Sommersonne können Wegbegleiter für die Läufer sein, die sich in der Landeshauptstadt für Marathon, Halbmarathon, zehn Kilometer oder einen Fun-Run über drei Kilometer entscheiden können. Zentrum des sportiven Geschehens ist das Rathaus am Tjörninsee. Die 21,1 Kilometer lange Schleife kommt einer Sightseeing-Tour durch Island gleich, mit Stadtbezirken, Hafen und dem hügeligen Hinterland.

Auf deutsche Väter zurückgreifen kann der **Ägypten-Marathon** in Luxor zwischen Hatschepsut-Tempel, Zuckerrohrfeldern und dem Tal der Pharaonen. Keineswegs deutsch ist jedoch die Atmosphäre mit Papyrusurkunden und Bauchtanz bei der Siegerehrung, Wasserpfeife rauchenden Zuschauern auf dem Zehn-Kilometer-Rundkurs oder nachgeschaltetem Basarbesuch. Unter den rund 600 Startern bildet die deutsche Delegation die größte ausländische Teilnehmergruppe. Wer möchte nicht zu Hause von einem historischen Trip berichten, der die Marathonläufer auf die Spuren der Pharaonen führte, die ihre Kondition bei den Habset-Laufspielen bewiesen.

Zu einem völkerverständigendem Event wird der **Donau-Marathon** zwischen Bratislava in der Slowakei und Hainburg in Österreich, nicht zuletzt durch die gemeinsame Organisation des slowakischen Bergsteigervereins und des niederösterreichischen Leichtathletik-Verbandes. Im Jahr 2000 kann das zehnjährige Jubiläum gefeiert werden. Die Startnummern gibt es erst nach Prüfung der Personalien und ggf. des Visums, da die Außengrenze der Europäischen Union durchlaufen wird. Entsprechend groß ist deshalb auch das Polizeikontingent. Die Startgebühren sind moderat, die Quartierpreise nicht minder. Sogar warme Duschen im Slovnaftstadion sind auch noch für die spät Eintreffenden warm. Während die Halbmarathonläufer in Hainburg ins Ziel einlaufen (dürfen), kehren die Marathonläufer wieder um in Richtung Bratislava.

Er vertraut der natürlichen Dämpfung…

Grenzüberschreitend, aber »nur« zwischen Holland und Deutschland, führte 1999 erstmals der 52. und damit zweitälteste europäische Marathon, der **Twente-Marathon** von Enschede. Nach einem Brand im Gebäude des ausrichtenden Vereins trat Organisator Wim Verhoorn mit einer neuen Streckenführung aller Wettbewerbe zwischen Hengelo und Gronau an – und hatte Erfolg bis hin zu Verbesserungen der Streckenrekorde.

Einst zog Hannibal über die Alpen, nun ziehen Spiridon Louis' Jünger möglicherweise immer öfter im Februar an die tunesische Mittelmeerküste, um ihrer liebsten Freizeitbeschäftigung nachzugehen. Auch wenn lediglich 250 (Gast-)Läufer, darunter nur 50 über die 42,195-Kilometer-Strecke, bei der Premiere des **Kar-**

thago-Marathons eine eher beschauliche Vorstellung gaben, den Organisatoren um Merez Sassi und den TSV Wittenau ist vor der Zukunft nicht bange. Auch wenn es überaus schwierig sein dürfte, in einem Land mit bescheidener Laufkultur einen Marathonlauf auf Dauer zu installieren, der vor allem von Einheimischen angenommen wird und nicht als Touristenveranstaltung gilt – zumal einer der wenigen tunesischen Starter als Sieger ins Ziel im Amphitheater einlaufen konnte. Barfuß, versteht sich.

Marathon-Nischen

Trotz des Überangebots gibt es sie, die Nischenläufe. In diesem Abschnitt sollen Marathonläufe angesprochen werden, die einen »etwas anderen« Charakter haben. Nicht die großen, medienträchtigen Spektakel, sondern die eher kleinen Läufe, die oftmals mit viel Liebe zum Detail im Stillen, Verborgenen zu erlebnisreichen Veranstaltungen werden – und dies im Zeitalter des Gigantismus und der Rekordleistungen. Hier jagen weder Tegla Loroupe noch Ronaldo da Costa einer sechsstelligen Rekordprämie hinterher, hier freuen sich Lisa Müller und Johannes Bauer über Natur pur und dem Etat angemessene Naturalien als Siegerpreise.

Oderbruch-Marathon in Bad Freienwalde

Im Nordosten der Republik, unweit der deutsch-polnischen Grenze, liegt das Moor- und Kurheilbad Bad

Marathon-»Autobahn«

Freienwalde. Im Ferienmonat August gibt es dort eine kleine, handverlesene Grenzgängerschar, die laufenderweise jene Grenze überwindet, die 40 Jahre lang die Welt in zwei politische Hemisphären trennte. Das flache Land, 1997 durch das Oder-Hochwasser bundesweit im Gespräch, bietet bestes Terrain für ein Langstreckenereignis, allerdings geprägt durch eine dünne Besiedlung. Nach 19 Kilometern geht es über die Oder und über die deutsch-polnische Grenze mittels einer alten Eisenbahnbrücke, über die bereits Ende des 19. Jahrhunderts Eisenbahnzüge in Richtung Königsberg rollten. Zehn Kilometer lang ist der Landausflug zu unserem östlichen Nachbarn, ehe es über den Grenzübergang Hohenwutzen wieder zurück zum Ausgangspunkt geht, wo deutsche und polnische Politiker und Hochrangige fleißig Hände schütteln und sich zuprosten.

Schwarzwald-Marathon in Bräunlingen

Der Schwarzwald-Marathon ist wohl bekannt. Mit inzwischen 32 Auflagen ist der Schwarzwälder Klassiker einer der Pioniere, die bislang dem Sturm der Giganten der Szene standgehalten haben. Wenngleich mit Abstrichen, denn derzeit kommen nur noch 1000 Läufer in den Südschwarzwald. Trotz anspruchsvoller Topographie mit insgesamt 400 Höhenmetern und dem höchsten Streckenpunkt Oberbränd bei 17 Kilometer lassen sich hier Spitzenzeiten im Bereich von 2:30 bzw. 2:50 Stunden durchaus schaffen, obwohl die Streckenbestmarken schon Altertumswert haben. 1975 lief die Marathon-Pionierin Christa Vahlensieck 2:45:43, Karlheinz Scheder 1983 2:24:24 Stunden. Bei der großen Masse steht eher der Erlebnischarakter in überaus familiärer Atmosphäre im Vordergrund. Breite Natur- und Asphaltstraßen durchziehen die waldreiche Landschaft und tangieren nur wenige Ortschaften. Ideal für Genießer und weniger geeignet für Tempoläufer, die in Bräunlingen den absoluten Leistungs-Check suchen. Immer für eine Überraschung gut, denn der Schwarzwald-Marathon hat sich im Oktober sowohl in warmer Herbstsonne wie auch schon im Schneegestöber abgespielt.

Brocken-Marathon in Wernigerode

Für viele gilt er als der schwerste Marathon Deutschlands, weil sich zwischen Start und Ziel in Wernigerode der 1142 Meter hohe Brocken auftürmt. Rund 3000 Starter kommen Mitte Oktober zum traditionsreichen Harz-Gebirgslauf, der neben dem Herzstück Marathon noch die kürzeren Varianten über 11 Kilometer und 23 Kilometer beinhaltet. Landschaftlich attraktiv, familienfreundlich (nicht zuletzt auch wegen dem Läuferball und dem sonntäglichen Frühstückslauf), organisatorisch umsichtig – dies alles im Schatten des kahlrasierten Brockens und der stets zum Brocken-Marathon die Zeit verschlafenden Brockenhexe.

Helgoland-Marathon

Eine Steife-Brise-Garantie gibt es bei Deutschlands ungewöhnlichstem Marathon auf der Schleswig-Holstein vorgelagerten Insel Helgoland. Wenn schon die Butterfahrten eingestellt werden, dann sollen wenigstens die Marathonläufer auf die Insel ausschwärmen dürfen. Treppauf, treppab, Plattenwege im Oberland, Beton auf der Mole, unebene und steinige Wege im Südhafen und Teerstraßen im Unterland – die Nordsee-Urlaubsinsel Helgoland bietet Vielfältiges. Auf viermal zehn Kilometern, denn so viele Runden sind zu drehen, um auf die komplette Marathondistanz zu kommen. Mit Erlebnisgarantie. Bei der 98er Premiere gab es einen Sieg der Familie Krajenski mit 2:38:21 und 3:18:57 Stunden – so schnell lässt sich's an der Nordsee laufen.

GutsMuths Rennsteiglauf

Zwar liegt das Hauptaugenmerk des »größten Crosslaufs Europas« traditionsgemäß auf der 76 Kilometer langen Königsstrecke von Eisenach nach Schmiedefeld, der 42 km lange Rennsteig-Marathon hat neben dem Halbmarathon aber die größte Resonanz vorzuweisen. 1998 waren es 2813 Finisher, 1999 sogar 2919, die von Neuhaus auf historischen Pfaden nach Schmiedefeld liefen. Namensgeber dieses anspruchsvollen Laufspektakels, das sich gegen alle Bestrebungen der einstigen DDR-Staatsführung zu behaupten wusste und 1997 das 25-jährige Jubiläum feiern konnte, ist der Pädagoge Christoph Friedrich GutsMuths, der den »Rynnestieg« Ende des 18. Jahrhunderts als »heilsame Übung für die Gesundheit und Stärkung des Körpers« pries.

Adventmarathon in Arolsen

Die Strecke ist schwerer, als die 300 Höhenmeter erahnen lassen. Und das hängt gewiss mit den vorherrschenden Bedingungen zusammen: Regen, Schnee und Eis oder Wintersonne – im nordhessischen Arolsen muss man auf alles gefasst sein. Arolsen ist in der deutschen Marathon-Landschaft der Inbegriff für einen Landschaftsmarathon, einen mit familiärer Atmosphäre. Seit 1981 wird wenige Tage vor Weihnachten am Twistesee Marathon gelaufen. Für Bestenlistenzeiten ist er zu spät, da sich viele nach einem Herbstmarathon eine ausgiebige Regeneration genehmigt haben. Für den inzwischen bei den meisten Marathonläufen obligatorischen Chip zur Zeitmessung ist in Arolsen kein Raum, hier geht es noch handgestrickt zu. Und dafür steht der Name Kuhaupt. Ingeborg, Karl und Heinrich, das sind die Motoren einer Laufbewegung, die früh im Nordhessischen begonnen hat. Mit dem Anschub des Laufpioniers Ernst van Aaken.

Steinfurt-Marathon

Wer das Laufjahr bestens geführt beginnen möchte, der ist beim Steinfurt-Marathon richtig. Steinfurt? Nur beim zweiten Hinsehen auf der Landkarte zu finden, hat die Kleinstadt mit ihrem Stadtteil Burgsteinfurt im Westfälischen in der Marathonszene einen guten Ruf. Hier nämlich liegt die Wiege der Zug- und Bremsläufereinrichtung. Routinierte Marathonhasen führen im Halbstundentakt zwischen 3:00 und 4:30 Stunden. Der März-Marathon auf befestigten Wald- und Wirtschaftswegen gilt als die ideale Winterüberprüfung, zumal bei über 1000 Startern für jedes Tempo der passende Laufpartner zu finden ist.

Usedom-Marathon
Seit nunmehr 20 Jahren überschreiten Marathonläufer eine Grenze, die für die einstigen DDR-Bürger weit weniger brisant war als die Berliner Mauer, die Grenze nämlich zu Polen. Auf dem Weg in ein vereintes Europa gibt es ihn aber immer noch oder gar erst recht, den Usedom-Marathon Anfang September mit Start im polnischen Swinoujscie und Ziel in Wolgast. Die Marathonstrecke des einst zur Demonstration der »deutsch-polnischen Freundschaft« gegründeten Laufes führt dabei durch die historische »Große Badewanne Berlins«, die einstigen Kaiserbäder Ahlbeck, Heringsdorf, Bansin und Zinnowitz, und durch eine beeindruckende Naturlandschaft.

Weniger ist mehr

Diese Kardinalfrage trifft den »alten« Marathonhasen ins Mark. Am Ende des 20. Jahrhunderts lässt sich ein unverkennbarer Trend feststellen: Nicht nur die Anzahl der Marathonläufer ist stetig im Wachsen, die Anzahl der »Wiederholungstäter« innerhalb einer Saison auch. Allerdings ist es müßig, darüber zu diskutieren, wie viele Marathonläufe der Mensch »verträgt«.
Hier ist grundsätzlich eine Abgrenzung zu den Marathonsammlern vorzunehmen. Denn die Jagd nach Guinness-Rekorden zeigt leidenschaftlich-fatale Züge.
Doch im Normalfall gilt die Formel »Zwei Marathonläufe pro Jahr sind seriös, drei Marathonläufe lassen sich bei entsprechender Grundlage und nötiger Regenerationszeit verkraften.«

Wenn das Laub fällt, ist Marathon-Saison

Kostenfaktor Marathon

- Genehmigungsgebühren (Gemeinde/Fachverband)
- Druckkosten für Ausschreibungen, Startnummern, Anzeigen in diversen Laufkalendern
- kommunale Gebühren (Absperrungen, Müllentsorgung)
- Verwaltungskosten (Porto, Telefon, Kontoführungsgebühren)
- Einrichtung/Beschickung von Verpflegungsstellen
- Steuerabgaben
- Urkunden, Medaillen, Ausgestaltung der Siegerehrung, Blumen
- Zeitmessung
- Beschallung
- GEMA-Gebühren
- logistische Leistungen (Transportfahrzeuge, Fahrdienst, Lagerung diverser Materialen)
- Ausrüstung und Verpflegung der Helfer
- Anmietung von Hallen, Kosten für Warmwasseraufbereitung
- Sanitätsdienst
- Hotelkosten, Verpflegung eingeladener Läufer, Prämien, Fahrtkostenerstattung

In Bestform laufen lässt sich bei einer größeren Anzahl gewiss nicht, es sei denn, die Starts bei Marathonläufen sollen unter der Rubrik »miles and more« abgeheftet werden. Da ist weniger mit Gewissheit mehr, sprich effektiver. In der weiteren Jahreszeit können lockere landschaftsorientierte Läufe mit Erlebnischarakter als Motivationsschub ebenso eingebaut werden wie Unterdistanzbelastungen auf der Straße oder – seltener – auf der Bahn.

Organisation

Welchen Marathonläufer ärgern sie nicht, die teilweise inflationsartig ansteigenden Meldegebühren? Die Zeiten, als die Meldegebühren 30, 40 DM gekostet haben, gehören – zumindest bei den großen Anbietern der Szene – der Vergangenheit an. Nischenläufe wie in Stüde, Springe oder Saarlouis kosten zwischen zwölf und 30 DM, City-Läufe das Doppelte, gelegentlich einschließlich des Spätentschlossenen-Zuschlags gar das Drei- oder Vierfache. Gerechtfertigt oder nicht, das sei dahingestellt.
Die organisatorischen Aufgaben sind bei Startfeldern von 200 Teilnehmern ungleich geringer als bei Massenveranstaltungen mit fünfstelligen Teilnehmerzahlen wie in Hamburg oder Berlin, wenngleich die Verwaltung einschließlich der Genehmigungsverfahren, Streckenabsperrungen und Läuferverpflegung hier wie dort ihren Preis hat. Nur alles einige Etagen tiefer angesiedelt. »1981 kosteten uns die Absperrungsmaßnahmen 11 000 DM, heute müssen wir hierfür schon das Dreifache berappen«, beklagt Berlin-Marathon-Chef Horst Milde die Kostenexplosion. Das ist freilich nur eine Position im 3,4-Millionen-Budget. Die SCC Veranstal-

tungs-GmbH des Berlin-Marathon beschäftigt ganzjährig vier Mitarbeiter, die allerdings neben dem großen Marathon-Event eine Reihe von weiteren Veranstaltungen abwickeln. Nicht eingerechnet die vielen zusätzlichen, ehrenamtlichen Kräfte, die wochenlang die 30 000 Kleiderbeutel mit diversem Inhalt packen. Und selbst das wird in der heißen Endphase letztlich zu einem logistischen Problem. Nicht nur die 60 Marathonläufe im deutschen Straßenlaufkalender, sondern auch die vielen Kurzdistanzläufe auf der Straße oder in freier Natur leben in erster Linie vom Idealismus der unzähligen ehrenamtlichen Funktionäre und Helfer, denn mit den Einnahmen aus der Position »Einschreibungsgebühren« lässt sich heutzutage keine Veranstaltung mehr finanzieren. Selbst wenn keine profes-

Die »Goldene Luise« grüßt beim Berlin-Marathon

Medaillen: Lohn und Anerkennung für 42,195 Kilometer

sionellen Läufer mit Antrittsgeld und Sieg- und Platzierungsprämien gelockt werden. Es steht freilich jedem Nörgler frei, seine Starts nach der Höhe des zu zahlenden Meldegeldes zu wählen, doch eines sollten die Kritiker wissen: Service kostet seinen Preis. Und verwöhnt sind schließlich viele.

Die Streckenüberprüfung ist Garantie für die Vergleichbarkeit der Marathonstrecken

Vermessung

Sie haben Zweifel an der Gültigkeit einer Zwischenmarke oder gar der Gesamtdistanz? Um es vorweg zu sagen, die Wildwest-Zeiten scheinen vorbei zu sein. Wer als Veranstalter eines Marathons etwas auf sich hält, wird sich gern das Zertifikat »amtlich vermessene Strecke« umhängen. Ansonsten gilt die Strecke als nicht »bestenlistenreif«. Der Internationale Leichtathletik-Verband (IAAF) hat längst die strengen Regeln der weltweit organisierten Straßenlaufveranstalter (AIMS) übernommen, legt aber dennoch nicht für alle Marathonstrecken weltweit die Hand ins Feuer, doch inzwischen für fast die meisten. Der Deutsche Leichtathletik-Verband (DLV) erkennt gemäß »Amtlichen Leichtathletik-Bestimmungen« (ALB) ein Vermessungsprotokoll an, das von einem beim DLV zugelassenen Vermesser verfasst ist. Keinesfalls solche, die von Berufs wegen mit Vermessung zu tun haben und in dieser Branche ihre Brötchen verdienen. Von den »amtlichen« Vermessern gibt es inzwischen allein in der Bundesrepublik fast 100. Die Streckenüberprüfung wird seit Ende der 1980er Jahre mit dem an einem Fahrrad befindlichen so genannten Jones-Counter vorgenommen. Vorbei sind die Zeiten, bei denen ein Schiebemessrad verwendet wurde, weil die Genauigkeit zu wünschen übrig ließ.

Die Vermessung der Strecke selbst mag dabei noch die leichteste Übung sein, obgleich der fließende Verkehr das Befahren auf der Ideallinie selbst für die Vermesser zum Abenteuer werden lässt. Als Ideallinie gilt dabei ein Abstand vom Straßenrand von 20–30 Zentimeter. Wenn die Absperrung einer Kurve nicht möglich ist, kann die Ideallinie im Zweifelsfall sogar über die Bordsteinkante oder ein Rasenstück führen. Wichtiger ist dabei allerdings das Eichen. Dabei werden auf einer 1000 Meter langen Eichstrecke, die asphaltiert, flach und geradeaus verlaufen muss, die sich bei vier Messungen ergebenden Eicheinheiten festgestellt und gemittelt. Die gleiche Prozedur wird nach Abschluss der Streckenvermessung nochmals durchgeführt, um Temperatur- und Luftdruckschwankungen auszugleichen. Selbst mit den zugrunde gelegten Umdrehungen/1000 Meter geben sich die Vermesser noch nicht ganz zufrieden. Zur Sicherheit wird pro 1000 Meter Laufstrecke ein Meter Zugabe gemacht, was bei der Marathonstrecke eine Dreingabe von + 42 Meter ergibt. Im Idealfall. Der Läufer erkennt die attestierte, kürzeste Entfernung zwischen Start und Ziel inzwischen vielerorts an der »Blue line«, in Berlin zusätzlich an der »Green line« der Skater.

Zumeist auf der Ideallinie zum Sieg: Die Marathon-Weltbeste Tegla Loroupe aus Kenia

Marathonreisen – ein gutes Geschäft

Das Angebot ist kaum überschaubar, es liest sich wie ein Streifzug quer durch alle Kontinente. Viele möchten partizipieren von der Reise- und Lauflust der Marathonläufer. Vorbei ist das wettkampfmäßige Laufen um die Ecke. Das Fernweh treibt die Läuferschar der unterschiedlichsten Leistungskategorien in aller Herren Länder hinaus. 420 Kilometer fahren oder 4200 Kilometer fliegen für einmal Laufschuhe schnüren auf der 42,195-Kilometer-Strecke.

Hier bietet der frühere Marathonläufer und -veranstalter Roland Winkler den Beachcomber Mauritius Marathon für 2899 DM an, dort die Fachzeitschrift »Laufzeit« unter der Reiseleitung der Olympiasieger Hartwig Gauder und Waldemar Cierpinski eine Palette vom Eurasia-Marathon am Bosporus bis hin zum Peking-Marathon – mit Preisen zwischen 695 DM und 2085 DM.

Der Branchen-Primus DERTOUR lässt fast keine Wünsche offen. Die Weltenbummler in Sachen Marathon haben zwischen Madrid für 780 DM, Vancouver, Stockholm, Hamilton oder Sao Paulo für 3395 DM die Wahl der Qual. Boston und New York sind sowieso Standardprogramm. Das gilt auch für InterAir/ Voss-Reisen, für die der Marathon- und Berglaufexperte Wolfgang Münzel die reiselustigen Marathonläufer für ab 1690 DM nach New York und zu 20 weiteren Marathon-Orten und sogar zur Berglauf-World-Trophy auf Borneo begleitet. In den Anfangsjahren hatte der einstige Mittelstreckler und Radtourenfahrer Helmut Voss, der als einer der Wegbereiter für den Marathon-Tourismus gilt, auch die Marathon-Olympiastarter Manfred Steffny und Günter Mielke im Begleitteam. Für den New-York-City-Marathon, der zweifellos zusammen mit Boston als Inbegriff des Marathon gilt, mussten die Voss-Reisebegleiter schon einmal 600 deutsche Marathonläufer betreuen. Inzwischen hat sich aufgrund weltweiter Angebote der Ansturm auf den NYCM etwas gelegt beziehungsweise auf viele Reiseanbieter verteilt. 1500 Startplätze stehen deutschen Marathonläufern zur Verfügung, die sich auf fünf Reiseveranstalter verteilen.

Attraktiv sind für Raritätensammler dagegen der weinselige Médoc-Marathon unweit Bordeaux oder ausgefallene Lauforte wie Wladiwostok, Tahiti, Nepal oder der Katmandu-Marathon. »Die Läufer brauchen scheinbar den Kick«, mutmaßt Wolfgang Münzel. Abenteuer-Marathons in der Sahara, am Mount Kinabalu auf Borneo, auf Réunion oder im bolivianischen Hochland. Frei nach dem Motto: Wo Marathon am gefährlichsten sein kann.

»Natürlich gibt es wie in jeder Branche auch hier schwarze Schafe«, weiß Ali Schneider aus eigener Anschauung. Der frühere München-

Fanzug beim Swiss Alpine Marathon in Davos

Marathon-Chef und seit 1988 Reiseveranstalter von Ali Schneider Marathon Reisen hat sein Angebot auf fünf, sechs Veranstaltungen konzentriert. »Bei mir gibt es keine Reise ohne Vortour!« Durch seine persönliche Präsenz genießen seine Reiseveranstaltungen in der Laufszene höchstes Ansehen. Mangels Rennorganisation wäre schon einmal ein fest gebuchter Marathon in Australien ins Wasser gefallen, wäre der einstige Pilotonausbilder nicht ein Mann der Tat – und kreierte kurz entschlossen den »Outback«-Marathon in New South Wales als reinen Natur-Marathon. Familienangehörige und Reisebegleiter wurden dabei kurzerhand als Strecken- und Verpflegungsposten einbezogen. Derartige Spontaneinfälle sind allerdings die Ausnahme, die Regel sind vielmehr bei Ali Schneider die Reisen nach Hamilton, San Francisco, Hongkong, New York und Hawaii, neuerdings auch der Kapstadt-Marathon mit angeschlossener Campertour in Namibia. Für Preise zwischen 1498 DM und 4990 DM. Rund 4000 Deutsche gehen pro Jahr auf Marathontour, Tendenz steigend. Mehr als ein Dutzend Veranstalter gibt es hierzulande, seriöse und weniger seriöse, die sich mit Dumpingpreisen das schnelle Geld verdienen wollen. Marathonreisende stehen in Havanna ohne Hotel, in Hongkong betreuungslos für Stunden im Flughafengebäude – kuriose Geschichten um die Lauftouristen gibt es inzwischen reichlich. Stetig wachsen mit den Laufreisehungrigen auch die Anbieter. Derzeit mögen es schon über 30 sein. Je kleiner, desto ausgefallener, denn die ewigen

Renner London und New York sind durch die Branchenriesen dank Startnummern-Monopol besetzt. So bietet die AustrAsiaTours einen Ostertrip nach Bali an, Vor- und Nachprogramm zum Marathon inbegriffen. Oder Dorothee's Flug-Service den Tahiti-Südsee-Marathon, Michael Schläbitz den Friendship-Marathon in Namibia.

Angefangen hat der hiesige Reiseboom offensichtlich in den 1970er Jahren mit dem unternehmenslustigen Gerhard Niemeyer und der Leichtathletikabteilung von Teutonia Dortmund-Landstrup mit ihrer organisierten Reise zum Marathon auf der olympischen Strecke von Marathon nach Athen. Aber nicht nur die Reisen zu Marathonläufen in der Stadt x oder y sind in der Reiselust inbegriffen. Lauf-ferien oder Laufurlaub, Trainingstage oder Trainingswochen, Verbrauchermessen, Workshops und Seminare zu bestimmten Themenkreisen und für unterschiedliche Zielgruppen: Der Laufboom hat längst die letzten Winkel der Republik erfasst.

Marathon-Reiseveranstalter – eine kleine Auswahl im Überblick

ReiseZeit Tourismus GmbH	Berlin
Spiridon-Reisen	Düsseldorf
DERTOUR GmbH & Co. KG	Frankfurt
InterAir/Voss-Reisen GmbH	Frankfurt
Ali Schneider Marathon Reisen	Fürstenfeldbruck
Grosse-Coosmann Sportreisen GmbH	Münster

Hausmannskost oder »die laufende Apotheke«?

Es geht gewiss nicht darum, Doping freizugeben, da es immer neue Verabreichungen gibt, die Manipulationen verschleiern helfen, weil die moderne Medizintechnik den Erfolg-um-jeden-Preis-Athleten immer einen Schritt hinterherhinkt. Es geht schlichtweg um die Glaubwürdigkeit des Sports im Allgemeinen. Darum, Aufklärungsarbeit im großen Stil zu betreiben, um zu verhindern, dass immer mehr Freizeitsportler infolge Zeitmangels ungenügendes Training mit Chemie wettmachen, um zu verhindern, dass ehrgeizige 49-jährige Läufer im Training stark überziehen und Überlastungsanzeichen mit pharmakologischer Hilfe negieren, damit sie im nächsten Jahr in der Kategorie der 50-Jährigen voll zuschlagen können – und zu verhindern, dass junge Talente davon ausgehen müssen, dass es »ohne« nicht mehr geht.

Wer greift heutzutage noch zu bewährten Hausmitteln und nicht zum Spray, wenn eine Erkältung im Anmarsch ist? Im Zeitalter der modernen Kommunikation ist es möglich, legale und illegale Zusatzpräparate über das Internet zu kaufen – somit wird unter dem Deckmantel der Anonymität dem Missbrauch Tor und Tür geöffnet.

Laufen wird mehr und mehr zum Gruppenerlebnis

Doping im Breitensport

Beim Jungfrau-Marathon 1998 kam es ans Tageslicht. In einer groß angelegten Dopingkontrolle wurde unter den getesteten 130 Breitensportlern zwar nur ein »Dopingsünder« enttarnt, dafür aber ein anderes alarmierendes Ergebnis offenkundig: Rund ein Drittel der Getesteten (34,6 Prozent) hatte sich im direkten Umfeld des Marathonspektakels mit Schmerzmitteln »behandelt«! Am häufigsten verbreitet waren dabei die Substanzen Ibuprofen und Acetylsalicyl, die gegen Fieber, Entzündungen, Arthrose und Rheuma zum Einsatz kommen. Bezeichnend dabei die Reaktion der »Sünder«, die sich entrüstet zeigten, vehement die Einnahme abstritten und sich ungerecht behandelt fühlten. Unter dem Strich zeigte diese erste im Breitensportbereich durchgeführte Dopingkotrolle, dass Marathonläufer zwar »clean« sind, aber durchaus zu schmerz- und entzündungshemmenden Mitteln greifen können. Das herausgefilterte Drittel unter den Testpersonen mag vielleicht dem Anteil der Gesamtbevölkerung entsprechen, die mehr oder weniger regelmäßig Tablettenmissbrauch betreiben. Das natürlich vorhandene Schmerzempfinden wird durch den Tablettenkonsum so verändert, dass der Organismus in Belastungsgrenzbereiche gelangen kann, die im Normalfall nicht oder kaum erreichbar sind.

Der Davoser Rennarzt Beat Villiger, seit Jahren mit Feldstudien im Ausdauerbereich befasst, spricht von einer hohen Dunkelziffer, wenn es darum geht, den Medikamentenmissbrauch im Breitensport genau zu beziffern. Er beklagt, dass ein Informationsnotstand herrscht. Seine Auswertungen haben unter anderem ergeben, dass die Einnahme von Schmerz- und Rheumamitteln letztlich keine Resultatsverbesserungen ergeben, sondern eher das Gegenteil bewirkt haben, nämlich einen Leistungsabfall nach mutiger Startphase und sogar später auftretende Nebenwirkungen. Die Bandbreite leistungsfördernder Präparate ist groß und reicht vom harmlosen Nasenpflaster über das vom Körper selbst in gewissen Mengen produzierte Kreatin bis zu EPO, das in der Schulmedizin bei Nierenleiden und zur chemotherapeutischen Behandlung von Krebserkrankungen angewendet wird. Die Anzahl derer, die beispielsweise beim Engadiner Skimarathon Asthmasprays verwenden, schätzt Villiger auf 15–20 (!) Prozent. Nur wenige davon leiden freilich tatsächlich unter dem Anstrengungsasthma, bei dem sich der Einsatz dieser Sprays auch medizinisch legitimieren ließe. »Anstrengungsasthma ist nicht mit Atemnot zu verwechseln«, sagt Beat Villiger und verweist mit Nachdruck auf das weitaus größere Steigerungspotential, das in der besseren Ausgestaltung des Trainings, in der Ernährung und der Regeneration liegt.

Im Bereich des Verbotenen

Spätestens seit den unangekündigten, aber freiwilligen Dopingtests kann sich der Breitensport dem Thema Doping nicht mehr verschließen. Die Öffentlichkeit vernahm 1988 mit offenem Mund die Disqualifikation des 100-Meter-Weltrekordlers und Olympiasiegers Ben Johnson wegen der verbotenen Einnahme von Wachstumshormonen. Seitdem rückt der Spitzensport mehr und mehr in die Kritik. Die Mehrkämpferin Birgit Dressel, die Sprinterinnen Katrin Krabbe und Florence Griffith-Joyner, aber auch Ausdauersportler wie die Marathonläuferin Uta Pippig, die Skilangläuferin Ljubow Egorowa, die Radsportasse Alex Zülle und Laurent Dufeaux und letztlich auch 5000-Meter-Olympiasieger Dieter Baumann – sie alle gerieten in den Dunstkreis der Manipulation und sind zumeist auch überführt und bestraft worden. Im Zuge der Vergangenheitsbewältigung wurde bei den Berliner Dopingprozessen von bis zu 10 000 in

Hitliste der verbotenen Substanzen und Methoden	
Stimulantien	Aufputschmittel mit kurzfristig wirkender Leistungssteigerung und verzögerter Ermüdung. In diese Substanzklasse gehören u.a. Amphetamine, Koffein, Ephedrin, Kokain, Strychnin und das Kälbermastmittel Clenbuterol.
Narkotika	Die zu den Opiaten zählenden Schmerzmittel können Konzentrations- und Koordinationsfähigkeiten beeinträchtigen. In diese Substanzklasse gehören u.a. Heroin, Hydromorphin und Morphin.
Anabolika	Androgen-anabole Steroidhormone mit aufbauender Wirkung (abgeleitet vom männlichen Geschlechtshormon Testosteron), dadurch Zunahme von Muskelmasse und Kraft, Verringerung des Körperfettes, verbesserte Erholung, stimulierende Eigenschaften. Nebenwirkungen: Einfluss auf Leber, Herz und Blutkreislauf, Blutfettwerte, Hormonregulation, Psyche, Vermännlichung, Abbruch des Größenwachstums bei Jugendlichen. Zu dieser Substanzklasse gehören u.a. Nandrolon, Stanozolol sowie Beta-2-Agonisten (enthalten in Asthmamedikamenten).
Diuretika	Diese Substanzen wirken harntreibend und führen durch schnellen Wasserverlust zur Gewichtsreduktion. Sie können auch zur Verdünnung verbotener Substanzen im Urin bis unter die Nachweisgrenze dienen. Nebenwirkungen: gestörter Wasser- und Salzhaushalt (mit Muskelkrämpfen, Nierenschäden als Folge).
Peptid- und Glykoproteinhormone	Eiweiße mit Hormonwirkung. Reaktionen: Anregung des allgemeinen Wachstums, Produktion körpereigener Steroidhormone, stimmungsanregend, Steigerung der Anzahl der roten Blutkörperchen und damit Steigerung der Ausdauerleistung. Nebenwirkungen: Zuckerkrankheit und Körperveränderungen, Bluthochdruck, Thrombosen, Embolien. Zu dieser Substanzklasse gehören u.a. Somatropin (HGH), Corticotropin (ACTH), Erythropetin (EPO).
Methoden	Hierzu zählen Blutdoping (Zufuhr von fremdem oder eigenem Blut) und Urinmanipulation (Verhinderung von korrekter Urinabnahme).
Substanz(klassen) mit gewissen Einschränkungen	Hierzu zählen Alkohol, Schmerzmittel, Corticosteroide, Asthmamittel, Kreatin, Betablocker, Cannabis.

systematischen Dopingprogrammen betreuten DDR-Athleten gesprochen. Der Heidelberger Molekularbiologie Werner Franke bewies in der Vergangenheit den längsten Atem gegen das staatskonforme Doping der DDR, zeigte sich aber auch hellwach gegenüber den eher als Wildwuchs zu bezeichnenden Dopingversuchen in der alten Bundesrepublik. Viele Athleten vollbringen heute im Hochleistungssport phantastische Leistungen – und geraten schnell in den Verdacht der Manipulation. Das Misstrauen wird zusätzlich geschürt, wenn Läufer wie Langstreckler Stéphane Franke und dessen Hindernis-Schützling Damian Kallabis erst nach starkem öffentlichen Druck scheibchenweise Manipulationen zugeben, wenn Dieter Baumann mit erhöhten Nandrolonwerten gleich zweimal positiv getestet wird und die Staatsanwaltschaft nach dem geheimnisvollen Unbekannten fahndet, der das anabole Steroidhormon seiner Zahnpasta zugefügt haben soll.

»Wundermittel« EPO

Gemäß der Definition des Internationalen Olympischen Komitees (IOC) ist Doping die beabsichtigte oder unbeabsichtigte Verwendung von Substanzen aus verbotenen Wirkstoffgruppen und die Anwendung verbotener Methoden. Doping ist leider eine unliebsame Begleiterscheinung der Olympischen Spiele der Neuzeit. 1908 wurde der italienische Zuckerbäcker Dorando Pietri mit Hilfe von Kampfrichtern zunächst als Sieger über die Ziellinie geführt, nachdem er mehrfach im Stadion zusammengebrochen war. Später wurde Pietri zwar »wegen unerlaubter Hilfe« disqualifiziert, verdiente sich aber in der Folge mit seiner Niederlage eine goldene Nase. Das Rennen selbst war der 22-Jährige mit einem blutigen Steak, einem Espresso und einem in Brandy aufgelösten Löffel Strychnin angegangen.

Die verbotenen Substanzen werden in fünf Klassen eingeteilt: Stimulantien, Narkotika, Anabolika, Diuretika sowie Peptid- und Glykoproteinhormone. Zur letztgenannten Gruppe gehört auch Erythropoethin, das als EPO spätestens seit den Veröffentlichungen um die Dopingverdächtigungen bei der Tour de France allseits bekannt wurde. EPO fördert die Produktion der roten Blutkörperchen und hilft somit, die Ausdauerleistung zu steigern. Ein Zuviel dieser Substanz kann zu Bluthochdruck, Thrombosen, Embolien in Lunge und Hirn und im Extremfall zum Tode führen. Um diese negativen Begleiterscheinungen zu verhindern, wird der Plasmaexpander HES gespritzt, der zur Blutverdünnung beiträgt und für die erforderliche Fließgeschwindigkeit in den Gefäßen sorgt. Schwedischen Wissenschaftlern zufolge soll die EPO-Einnahme einen Leistungszuwachs von 70 Sekunden weniger für einen 10 000-Meter-Lauf bringen; das heißt im Klartext, ein Läufer nationalen Standards würde zu einem Weltklasseläufer mutieren.

Auf die Plätze, fertig – los im Münchner Olympiapark

Der Countdown läuft…

Die Kilometer sind gelaufen. Wochenlang, monatelang. Die Ernährung wurde den Anforderungen angepasst, selbst das gewohnte Bier oder der Wein etwas reduziert. Kurzum: Die Form stimmt für das Abenteuer 42,195 Kilometer. Das gewisse Kribbeln lässt sich nicht verleugnen. Nervös? Wer möchte schon zugeben, dass man sich seiner Sache nicht sicher ist. Erfolgsgarantien, das wurde an anderer Stelle bereits formuliert, gibt es sicherlich keine, aber in letzter Minute kommen selbst versierten Marathonläufern noch quälende Gedanken: Habe ich an alles gedacht?
Hier sind 42 Tipps, die die klassische Marathondistanz etwas leichter werden lassen.

42 Schritte zum Marathonziel

1. Das Training kann in der Woche vor dem Tag X nicht wenig genug sein. Wie wäre es mit einem Ruhetag am zweitletzten Tag vor dem Marathon? Es gibt keinen Grund, immer neue Belastungen in die Schlusswoche einzubauen. Allenfalls am Vortag beim leichten Einjoggen einen oder zwei Kilometer im Renntempo zurücklegen, damit sich die Muskulatur schon an die bevorstehende Arbeit gewöhnen kann.
2. Die obligatorischen Sightseeing-Touren (mit der begleitenden Familie oder den Helfern an der Strecke) auf ein Minimum reduzieren. Die Marathonmesse ist ebenso ein kurzes Muss wie der Einkaufsbummel in den attraktiven Geschäften der Innenstadt. Denn welcher Läufer liebt schon das zeitlupenhafte Schlendertempo? Es ermüdet mehr als ein eineinhalbstündiger Dauerlauf.
3. Ruhe und Entspannung vor dem Marathon sind wichtig. Der ausgiebige Schlaf in der vorletzten Nacht ist am wichtigsten. Keine Panik, wenn die Nacht vor dem Marathon relativ kurz ausfällt, das fremde Bett nicht wie zu Hause ist, die Wände hellhörig sind, der Wasserhahn tropft. Unter diesen Voraussetzungen sind schon viele Bestzeiten entstanden!
4. Die »freie« Zeit der Schlusswoche, die durch das reduzierte Training zustande gekommen ist, zur mentalen Vorbereitung nutzen. In Gedanken die einzelnen Abschnitte durchgehen, die Getränkestationen schon einmal vor dem geistigen Auge »durchtesten«, die Marschtabelle überprüfen.
5. Schlechte Wetterprognosen sollten nicht das Gleichgewicht stören, wohl aber durchaus Einfluss auf die Renngestaltung (Anfangstempo etc.) nehmen.
6. Normalziel, Optimalziel und Minimalziel. Wer sich auf nur ein Ziel festlegt, handelt sich viel Frust ein, wenn er exakt dieses Ziel nicht er-

reicht. Weder die Olympianorm noch der Deutsche Rekord stehen zur Disposition.

7. Ein entspanntes Umfeld stärkt. Im unmittelbaren Vorfeld sollten Mitmenschen vermieden werden, die durch nervige Diskussionen das eigene sportliche Vorhaben in Frage stellen.

8. Nur gesund in einen Marathon gehen. Vorsicht bei in der Marathonvorbereitung aufgetretenen Infekten oder nicht ganz auskurierten Verletzungen.

9. Eine sportmedizinische Belastungsuntersuchung (Belastungs-EKG) sollte für jeden Marathonläufer in den letzten sechs Monaten vor dem Starttag Pflicht sein. Die Veranstalter schreiben nicht umsonst die Unbedenklichkeitsklausel in die Meldeformulare. Denn: Gesundheit geht vor jeglichen sportlichen Ehrgeiz!

10. In der unmittelbaren Wettkampfvorbereitung (zwei, drei Tage vor dem Marathon) sind mehrere kleine Mahlzeiten besser als zwei große Mahlzeiten.

11. Keine veränderten Essensexperimente in der Endphase vor dem Marathon. Je natürlicher, desto besser. Es gilt allerdings eine Grundregel: vollwertige Mischkost, kohlenhydratreiche und fettarme Mahlzeiten, damit die Kohlenhydratdepots zum Start optimal gefüllt sind.

12. Qualität vor Quantität bei den kohlenhydratreichen Mahlzeiten. Achtung: Durch das reduzierte Training vor dem Marathonlauf kann das Körpergewicht leicht über Normal ansteigen!

13. Vor dem Marathon die Trinkgewohnheiten verändern, vor allem am Vortag – und mehr Flüssigkeit aufnehmen.

14. Wenn der Marathonlauf morgens gestartet wird, sollten sie 3–4 Stunden vor dem Start aufstehen und ein leichtes Frühstück (wenig Vollkornprodukte, kein Müsli) einnehmen. Wenn möglich Kaffee vermeiden, da dieser dem Körper Flüssigkeit entzieht. Wenn der Marathonlauf nachmittags oder abends gestartet wird, sollten Sie 3–4 Stunden vor dem Start eine leichte Mahlzeit einnehmen.

15. Zur Ausrüstung: Bekleidungsalternativen für jedes Wetter vorbereiten, Schnürsenkel überprüfen.

Tarzan, ein Original auf der Marathonstrecke

16. Der »ultraleichte« Wettkampfschuh sollte im Schuhschrank bleiben, stattdessen dürfen Sie dem eingelaufenen, stabilen Trainingsschuh den Vorzug geben. Die vermeintliche Gewichtsersparnis mit der schnellen Rennleiste sollte dem leistungsorientierten Unter-drei-Stunden-Läufer vorbehalten bleiben.

17. Beim Marathon keine neuen Ausrüstungsgegenstände benutzen.
Die Laufschuhe sollten bereits im Training eingelaufen werden, die Wettkampfbekleidung (einschließlich der Socken) sollte ebenso bereits hinsichtlich ihrer Funktionalität getestet und gewaschen sein. Der Materialtest ist hier fehl am Platze, dafür ist 364 Tage im Jahr Zeit.

18. Scheuerstellen mit Vaseline eincremen bzw. mit Leukoplast abkleben.

19. Ein Babypuder kann Blasen an den Füßen vermeiden helfen. Aber auch hier gilt: Zuvor im Training oder einem vorbereitenden Wettkampf testen (evtl. Rutschgefühl in den Socken!).

20. Schuhe nicht zu eng binden. Bei zunehmender Distanz und höheren

Keine Zeit für die imposante Skyline…

Temperaturen schwellen die Füße an. Durch eine zu enge Schnürung kann die Blutversorgung eingeschränkt werden.

21. Zur optimalen Abwicklung eines Marathons gehört inzwischen die Zeitmessung per Chip. Dieser kleine Mikrosender sollte gut platziert am Schuh verschnürt werden (Achtung auf Druckstellen!).

22. Trotz Chip-Zeitmessung kann es zu einer sehr frühzeitigen Startaufstellung kommen. 20, 30 Minuten können je nach Örtlichkeit drin sein. Um ein Frösteln im Startbereich zu verhindern, sollte ein älteres T-Shirt oder Sweatshirt übergezogen werden. In Mode kommen allerdings auch Wegwerfartikel wie Mülltüten u. a. Bitte diese nicht nach dem Vorkommando auf die Laufstrecke werfen (Behinderung, Sturzgefahr bei Mitläufern).

23. Wer am Wettkampftag anreist, sollte großzügige Reservezeiten einplanen, denn Parkplatznöte und Umleitungen sind bei größeren Veranstaltungen zwangsläufig an der Tagesordnung. Nichts ist nerviger, als in letzter Minute in den Startbereich zu kommen. Meistens vergisst man in der Hektik etwas!

24. Die Startnummern ähneln mittlerweile großen Werbeflächen der gewiss notwendigen Sponsoren. Keine Verkleinerungsversuche vornehmen, da diese zur Disqualifikation führen könnten. Bei dem verwendeten wasserfesten, reißfesten Material ist zudem eine Gewichtsreduzierung nicht zu erreichen. Eine ausreichende Anzahl von Sicherheitsnadeln immer in der eigenen Sportasche mitführen, damit die Startnummer nicht aufgrund mangelnder Befestigung zum Störfaktor wird.

25. Keine Panik, wenn der Startschuss erfolgt ist und die Startlinie noch immer nicht in Trittnähe ist. Aufgrund der modernen Zeitmessmethoden wird die Nettozeit gewertet: Da spielt es keine Rolle, ob man nach zwei, drei oder sieben Minuten die Startlinie überquert, weil erst in diesem Moment die eigene Startzeit ausgelöst wird.

26. Auch wenn die ersten Kilometer sehr leicht fallen und die Adrenalinmoleküle den Körper beflügeln, ist es wichtig, den eigenen Rhythmus zu finden – und das Tempo zu kontrollieren. Unter Umständen ist auch ein Ausscheren aus einer gerade gefundenen Läufergruppe erforderlich, da das hier angeschlagene Lauftempo zu schnell oder zu langsam ist.

27. Zu langsam kann ein Anfangstempo kaum sein. Auch wenn die selbst gemachten Tempovorgaben überschritten werden sollten, in der Ruhe und Abgeklärtheit des Augenblicks liegt der Erfolg. Umfragen bestätigen: Fast alle Marathonläufer beginnen zu schnell. 30 Sekunden unter Soll nach fünf Kilometern kann sich, eine Minute unter Soll nach fünf Kilometern wird sich im späteren Verlauf doppelt und dreifach rächen.

28. Keine Verpflegungsstation auslassen, das Argument Zeitersparnis gilt nicht. Nicht erst zu Getränken greifen, wenn der Durst kommt. Dann nämlich ist es schon zu spät! Achtung: Privatverpflegung entweder am Informationsstand am Vortag mit deutlichen Markierungen abgeben – oder, besser, sich im Bereich der Verpflegungsstelle reichen lassen. Aber die anderen Läufer bei der Versorgung mit Privatverpflegung bitte nicht behindern.

Bananen sind während einer Belastung nicht für jeden Marathonläufermagen verträglich

29. Aus organisatorischen Gründen dürfte es für den Freizeitläufer allerdings besser sein, auf die vom Veranstalter angebotene Verpflegung zurückzugreifen. Denn warum sollte die Eigenverpflegung nach anderen Kriterien zusammengestellt sein als die angebotenen Elektrolytgetränke der Sponsoren?

30. Bananen und Orangenscheiben, Müsliriegel oder Kuchen sind während der Belastung nicht unbedingt verträglich. Art und Menge im Training testen.

31. Zu stark gesüßten Getränken (etwa Cola) und Traubenzucker erst im letzten Drittel des Marathons greifen. Wasser und Elektrolytgetränke abwechselnd aufnehmen. Empfohlene Menge: 200 Milliliter pro Verpflegungsstand.

32. Die »Krise« trifft in der Regel durchaus jeden Marathonläufer. Es können auch mehrere Krisen sein. Wichtig ist es, in dieser Situation das Tempo geringfügig zu reduzieren, eventuell sogar etwas zu gehen und die Verpflegungsstation zu nutzen. Die kritischen Situationen meistern, das macht den echten Marathonläufer erst aus!

33. Bei Hitzerennen ist Abkühlung notwendig. Die bereitgehaltenen Schwämme nutzen und Kopf, Nacken, Arme und ggf. Oberschenkel kühlen. Aus ökologischen Gründen werden bei zahlreichen Marathonläufen inzwischen Schwämme mit den Startunterlagen ausgegeben, damit diese während des Laufes von den Athleten selbst in die am Streckenrand aufgestellten Wasserbehälter eingetaucht werden können.

34. Es ist in fast allen Fällen besser, langsamer als geplant ins Ziel zu kommen als überhaupt nicht. Der Katzenjammer kommt meistens schon Stunden nach der Aufgabe, spätestens jedoch am Folgetag. Außerdem sinkt die Hemmschwelle, es in einer ähnlichen Situation wieder zu tun.

35. Schmerzen nicht mit Härte und unbedingtem Durchhaltewillen bekämpfen. Das führt in fast allen Fällen zum Desaster. Eine Verletzung ist tatsächlich ein Grund, um vorzeitig aus dem Rennen zu gehen. Alles andere wäre unvernünftig und wird eine längere Pause zur Folge haben.

36. Motivationsprobleme, vor allem bei widrigen Witterungsbedingungen oder starker Erschöpfung, kommen gewiss. Wie wäre es, positiv zu denken? Die zurückgelegte Strecke, die Atmosphäre, das Umfeld, die Freude und Genugtuung als Finisher – ausreichend Gründe, um die nächsten Kilometer weiter in Angriff zu nehmen.

37. Marathon ist immer auch ein Erlebnislauf. Wer glaubt, für sein Umfeld, seine Freunde, Arbeitskollegen oder seine Familie laufen zu müssen, wird an der vermeintlichen Erwartungshaltung zerbrechen. Preisgeld oder Pokale sind in der Regel außer Reichweite.

38. Ein Blick zur mitlaufenden Uhr im Zielbereich ist die erste Orientierung. Auskünfte über die tatsächliche Endzeit kann unmittelbar im Ziel kein Helfer geben, da höchste Konzentration für drei, vier Stunden angesagt ist. Sie führen allenfalls zu bissigen Kommentaren, die bestimmt nur im Trubel der Ereignisse zustande kommen können. Das Gros der Helfer arbeitet mit Sicherheit ehrenamtlich und opfert seine Freizeit für das Gelingen der Veranstaltung, denn ein kommerzielles Dienstleistungsunternehmen kann eine Marathonveranstaltung mit den Startgebühren gewiss nicht finanzieren, und die zahlungskräftigen Sponsoren lassen sich auch nicht auf der Straße auflesen.

Stets begehrtes Fotoobjekt beim Marathon: Teenie-Schwarm Joey Kelly

Der Besenesel als originelle Begleitung für das Schlusslicht (gesehen beim Jungfrau-Marathon)

39. Wie geht es im Zieleinlauf weiter? Die Erstverpflegung hinter der Ziellinie, die wärmende Decke oder der Sanitätsbereich, das alles hat Vorrang vor dem Plausch mit Läufern, Verwandten und Bekannten. Dazu gibt es später noch reichlich Gelegenheit.

40. Wo ist mein Kleiderbeutel? Wo sind meine Angehörigen? Im Trubel der Ereignisse ist der Überblick wichtig, den man sich vorher verschaffen sollte. Die Marathonzeitung, das Programmheft, die Infotafeln und die Beschilderungen sind eine wertvolle Orientierung und helfen stressige Momente vermeiden.

41. Das Marathonziel ist erreicht. Genießen Sie in erster Linie den Augenblick, freuen Sie sich über das Erreichte (auch wenn es Ihren Erwartungen diesmal vielleicht noch nicht ganz entsprochen hat).

42. Der nächste Marathon, der nächste Lauf auf einer kürzeren Distanz ist fern, muss fern sein. Zunächst nämlich ist Regeneration angesagt, Körperpflege im wohlverstandenen Sinne. Mit genügend Abstand kann das nächste Marathonerlebnis seriös geplant werden. Sie werden feststellen, die Vorfreude auf den nächsten Marathonlauf kommt schneller, als Sie denken!

Stolz auf Papa!

Einfallsreiche Verkleidung gehört zum Marathon-Bild: Struwwelpeter auf der Zielgeraden beim Berlin-Marathon

Anhang

Von A(thletik) bis Z(iel) – Marathon in Stichworten

Akklimatisation

Umweltbedingte Anpassungsmechanismen des menschlichen Körpers beim Höhenaufenthalt durch verringertes Sauerstoffangebot (O_2-Partialdruck), Luftwiderstand (Luftdichte), Wasserdampfdruck und verstärktes UV-Licht.

Arthrose

Übermäßiger und vorzeitiger Abrieb des Gelenkknorpels, der die Knochenenden im Gelenk bedeckt. Ursachen können ständige Überlastung, Übergewicht, hormonelle und genetische Faktoren sein.

Ausdauertraining

In der Trainingslehre wird unterschieden in regenerativer Dauerlauf (DL/entspanntes und langsames Laufen, Puls bis ca. 120 Schläge/Minute), extensiver Dauerlauf (ext. DL/aerobe Energiebereitstellung bei ruhigen Laufgeschwindigkeiten, Puls bis ca. 120–160 Schläge/Minute)) und intensiver Dauerlauf (int. DL/aerob-anaerobe Energiebereitstellung, Geschwindigkeiten auf Teilabschnitten über dem Marathon-Renntempo, Puls über 140 Schläge/Minute)).

Cooper-Test

Einer der ältesten und bekanntesten Fitnesstests zur Ermittlung der allgemeinen Leistungsfähigkeit, entwickelt von dem Amerikaner Kenneth H. Cooper in den 1960er Jahren. Gemessen wird dabei die innerhalb von zwölf Minuten zurückgelegte Wegstrecke, anhand einer Tabelle lässt sich unter Berücksichtigung des Alters die Leistungsfähigkeit feststellen. Nachteile: Kein verlässliches Resultat für die Bestimmung der aeroben Ausdauer, zumal die Motivation das Testresultat entscheidend beeinflusst.

Conconi-Test

Bei diesem Testverfahren wird aufgrund der Beziehung zwischen Herzfrequenz und Geschwindigkeit die anaerobe Schwelle bestimmt und damit die optimale Trainingsintensität abgeleitet. Die Verbindungspunkte der Pulswerte ergeben eine Gerade, die bei der anaeroben Schwelle abflacht (Knickpunkt). Testbasis sind progressive 200-Meter-Läufe (am einfachsten auf einer 400-Meter-Rundbahn) ohne Pause bis zur Erschöpfung. Die zu laufende Geschwindigkeit wird mit einem akustischen Pacer alle 10 bzw. 20 Meter vorgegeben. Als Nachteile können Witterungseinflüsse, die maximale Belastung, Koordinationsprobleme bei hohen Geschwindigkeiten, ungenaue Interpretation der Testresultate und die kurzen Belastungsstufen den Vorteilen (unblutiges Testverfahren, Gruppentest möglich) gegenübergestellt werden.

Elektrolytgetränke
Getränke, die Elektrolyte (lebenswichtige Verbindungen, die besonders auch der Regulation des Wasserhaushaltes dienen) enthalten.

Essstörung
Von der Norm abweichendes Essverhalten. Im Sport besonders bei Langstreckenläufern und Geräteturnern immer wieder anzutreffen, da hier Körpergewicht und Körpergestalt eine wichtige Rolle spielen.

Fette
Verbindungen aus Kohlenstoff, Wasserstoff und Sauerstoff. Fette haben im Fettgewebe Wärmeschutzfunktion und einen großen kalorischen Wert in der Nahrung.

Hämoglobin
Roter Blutfarbstoff der roten Blutkörperchen (Erythrozythen), dient zur Bindung, zum Transport und der Abgabe von Sauerstoff im Körper.

Kohlenhydrate
Mehrwertige Alkohole mit einer Aldehyd- oder Ketogruppe, die durch Oxidation Energie liefern. Vorkommen in Mono-, Di- und Polysacchariden (Zuckerverbindungen).

Laktat
Stoffwechselzwischenprodukt beim Kohlenhydratabbau. Laktat (Milchsäure) wird aus dem arteriellen Blut, seltener aus der Muskulatur bestimmt. Der Mensch weist selbst bei geringer Belastung eine gewisse Menge an Laktat auf. Während ein Sprinter und Kurz-/Mittelstreckler eine möglichst hohe Laktatbildungsfähigkeit benötigt, ist es bei einem Marathonläufer gerade umgekehrt: Je geringer die Laktatbildung, desto größer ist die verfügbare Sauerstoffmenge für die Kohlenhydratverwertung.

Laktat-Stufentest
Im Gegensatz zum Conconi-Test bringt der Laktat-Stufentest mit der Bestimmung der Milchsäure im Blut einen weiteren Parameter zur Auswertung. Durch eine häufigere Wiederholung des Tests sind exakte Aussagen über den momentanen Leistungsstand, die Leistungsentwicklung und die Erholungsfähigkeit möglich. Wird vorzugsweise unter Laborbedingungen (Laufband, Ergometer), aber auch als Feldtest durchgeführt.

Leistungsdiagnostik
Möglichst objektive Feststellung der Leistungsfähigkeit mittels möglichst spezifischer Bewegungsformen (Laufband, Ergometer) durch sportmedizinische Einrichtungen. Die Belastung erfolgt in einem Stufentest, gemessen wird Laktat, Herzfrequenz, seltener maximale Sauerstoffaufnahme. Vorgeschaltet ist ein Gesundheits-Check-up.

Mineralstoffe
Neben den organischen Nährstoffen (Kohlenhydrate, Eiweiße, Fette) braucht der Körper auch anorganische Nahrungsbestandteile, also Mineralstoffe wie z. B. Eisen, Kupfer, Zink, Magnesium, Kalium, Kalzium.

Myoglobin
Roter Farbstoff der Muskulatur und Sauerstoffspeicher des Muskels.

Osteoporose
Die eigentlich vermehrt bei älteren Frauen auftretende Knochenschwäche kommt häufiger auch bei vielen Sportlerinnen aller Altersstufen und Leistungskategorien vor. Eine mögliche Ursache können anorexie- und bulimiebedingte Essstörungen sein, wodurch der Körper nur unzureichend Mineralstoffe und Spurenelemente aufnimmt. Ein Mineralverlust kann auch auf das Ausbleiben der Menstruation und damit auf einen Östrogenmangel zurückzuführen sein.

Pronation (Überpronation)
Unter der Pronation versteht man das natürliche Einknicken des Fußes nach innen. Ein leichtes Pronationsverhalten ist normal. Bei einer Überpronation knickt der Fuß übermäßig stark nach innen ein. Um Verletzungen zu vermeiden, ist diesem Abknicken vorzubeugen, sei es durch Stützen im Schuh oder durch Einlagen.

Proteine (Eiweiße)
Sie zählen zu den wichtigsten Bestandteilen des Organismus. Aufgaben sind u. a. Wasserbindung und Wassertransport, Gerüst- und Stützsubstanz, Betriebsstoffwechsel. Enzyme sind hochmolekulare Eiweißkörper, die die Aktivierungsenergie von Reaktionen verringern.

Resorption
Aufnahme von Stoffen in die Blut- und Lymphgefäße (z. B. aus dem Magen-Darm-Trakt).

Spiroergometrie (VO_{2max}-Test)
Eines der ältesten Testverfahren zur Überprüfung der Leistungsfähigkeit des Herz-Kreislauf-Systems. Dabei werden die Atmungsparameter zur Beurteilung herangezogen. Die maximale Sauerstoffaufnahme (VO_{2max}) ist das Maß für die maximale funktionelle Kapazität des Gesamt-O_2-Transportsystems und dient zur Beurteilung des aeroben Trainingszustandes. Ein Testverfahren mit progressiven Belastungsstufen. Durch die Verwendung einer Atemmaske werden Atmung, O_2-Verbrauch und CO_2-Produktion mit einem relativ aufwendigen Apparatepark gemessen, weshalb die Anwendung weitgehend auf den Spitzensportbereich beschränkt bleibt.

Subination (Unterpronation)
Weitaus seltener als die Überpronation kommt die Unterpronation vor, also ein Abknicken nach dem Auftreten nach außen.

Trainingssteuerung
Aufgrund der Einschätzung der Belastungsintensität wird die Effektivität des Trainings gesteigert und Unterforderung wie Übertraining vermieden.

Vitamine
Lebensnotwendige organische Verbindungen, die vom Organismus nicht oder nicht ausreichend aufge-

baut werden können und deshalb als essenzielle Nahrungsbestandteile zugeführt werden müssen.

Trainingsprogramme

Das Angebot ist reichhaltig, zumeist kommerziell und natürlich mit unterschiedlichen Ansätzen. Die Fachzeitschriften auf dem deutschsprachigen Markt wetteifern mit Ratschlägen und Trainingstipps. Sie bieten über die Schiene Leser-Blatt-Bindung Laufprogramme an. Wer möchte nicht innerhalb von zwölf Wochen einen Marathon in 4 oder gar 3 Stunden laufen? Grundsätzlich ist davor zu warnen, unreflektiert Trainingsprogramme der Marke Schema F zu übernehmen. Sie alle können nur ein Grobraster darstellen, die Feinabstimmung erfordert Routine und sollte im Idealfall durch einen direkten Kontakt mit einem kompetenten Trainer oder erfahrenen Läuferkollegen erfolgen.

Laufakademie des Westfälischen Fußball- und Leichtathletik-Verbandes
Die Laufakademie, die im Sommer 2000 die Arbeit aufnehmen und sämtliche Angebote zum Thema Laufen zusammenführen und jedermann zugänglich machen will, versteht sich als Netzwerk, in dem Läufer, Vereine, Verband, Veranstalter, Wissenschaftler und Vertreter der Wirtschaft einen konstruktiven Dialog führen wollen. Handlungsbedarf sehen die haupt- und ehrenamtlichen Mitarbeiter für das bevölkerungsreiche Westfalen, wo 1998 bei Volksläufen über 100000 Läufer in Aktion waren. Eingebettet in alle Zielprojektionen ist dabei auch die Qualifizierung und Weiterbildung für alle Laufinteressierten der unterschiedlichen Leistungsklassen, mithin ein Forum für den persönlichen Gedanken- und Erfahrungsaustausch. Wenn das nur nicht zu Serviceleistungen wie dem individuellen Trainingsplan auf Internet-Tastendruck führt...

Greifs Laufprogramme
Sie sind geschätzt und gefürchtet zugleich. Autor Peter Greif ruft mit einem »Acht Wochen Hochreiztraining« zum Countdown zur Bestzeit auf, verhehlt aber nicht, dass dieses Power-Programm »Gefahren birgt«. Das Greif-Programm verfolgt eine harte Linie nach dem Prinzip: »Je härter der Reiz, desto schneller und besser die Anpassung.« Man kann das Power-Training einem vierwöchigen Test unterziehen. Die Angebotspalette umfasst Bahn-, Marathon- und Ultraläufer, Senioren und Fitnessgruppen. Bei Gefallen kostet das Jahresabo mit 13 Vier-Wochen-Plänen 186 DM. Basis für den individuell erstellten Trainingsplan ist dabei ein umfangreicher Fragebogen, klar definierte Ziele sind »Siege, Titel, Bestzeiten«.

Laufmagazin »Spiridon«
Über diese Fachzeitschrift bietet der frühere Olympiastarter Manfred Steffny schon seit Jahren Trainingsprogramme für alle Marathon-Leistungskategorien an. Der 24-Wochen-Plan

für Anfänger enthält eine Zielprojektion zwischen vier und fünf Stunden. Dabei wird zwischen fünf verschiedenen Dauerlauftypen (langsamer, mäßiger und schneller Dauerlauf, Marathon-Renntempo und Laufen über der anaeroben Schwelle) unterschieden. Die Tempovorgaben resultieren aus einem 1000-Meter-Test, der nach zwei bzw. drei Wochen Aufbautraining durchgeführt wird. Das zunächst auf vier Laufeinheiten pro Woche angelegte Training soll in den letzten zehn Wochen auf tägliches Laufen ausgedehnt werden, um den »Marathon in den Griff« zu bekommen.

»Runner's World«
Kompetentes Marathontraining bietet Martin Grüning in diesem Laufmagazin an. Die regelmäßigen Beiträge des einstigen 2:13-Marathonläufers sprechen alle Leistungsbereiche an und stellen mit einer Vielzahl von praktischen Vorgaben eine größtmögliche Varianz dar.

»Laufzeit«
Dr. Thomas Prochnow vom Institut für Prävention und Diagnostik in Regensburg bietet hier konkrete Trainingspläne für »Marathon-Durchhalter« und gleichermaßen 3-Stunden-Läufer quasi anonym per Printmedium an.

Marathonprogramm des Sport- und Gesundheitszentrums der Technischen Universität Darmstadt
Auf der Reihenfolge Stabilität, Technik und Ausdauer baut sich das Programm auf, das äußerst individuell

Des Runners High

angelegt die Interessierten in sechs Monaten zum Marathon führen soll. Der Ansatz des passionierten Ausdauersportlers und Diplom-Sportlehrers Dieter Bremer und der früheren Boston-Marathonsiegerin Charlotte Teske besteht aus der Pflicht, gemeinsame Termine für Gymnastik und Technik wahrzunehmen, wobei das Lauftraining eher die individuell angelegte Kür ist.
Beeindruckend am Marathonprogramm ist die totale Flexibilität der Projektleiter, denn dreimal pro Woche wird das Techniktraining, gleich sechsmal das Gymnastik-Programm angeboten. »Entscheidend ist das individuelle Zeitbudget«, sagt Dieter

Bremer, der mit 50 Triathlon- und sechs Marathon-Selbstversuchen bei einer Bestzeit von 3:27 Stunden ausreichende Ausdauerpraxis vorweisen kann, »die Teilnehmer müssen zumindest ein Minimum von einer Stunde für funktionelle Gymnastik und Technik und drei Stunden für Lauftraining aufwenden, um ihren Lebenstraum Marathon erfüllen zu können!« Einig sind sich die Projektleiter darin, dass mit diesen Vorgaben keine Spitzenergebnisse zu erreichen sind. »Unser Programm ist auf Ankommen ausgelegt!« Dementsprechend gering ist auch die Zahl der Aussteiger.

Auf der Erkenntnis »Marathon ist eine hohe orthopädische Belastung« fußt das Vorbereitungsprogramm, das das funktionelle Training zur Stabilität der Wirbelsäule und der Haltemuskulatur und die Ökonomisierung der Lauftechnik in den Vordergrund stellt. Die Laufeinheiten werden mit den Anteilen 30 Prozent in der Zielgeschwindigkeit, 60 Prozent mit einem 20-prozentigen Zuschlag auf die Zielgeschwindigkeit und 10 Prozent Regeneration durchgeführt. Durch einen individuell durchgeführten Überprüfungstest mit Herzfrequenzauswertung wird die Laufgeschwindigkeit im Sechs-Wochen-Rhythmus neu bestimmt und den Trainingsverbesserungen angepasst. »Auch wenn die individuellen Trainingspläne für uns keinen großen Zeitaufwand erfordern, wollen wir aus diesem Marathonprojekt kein Massenprogramm machen«, sind sich Dieter Bremer und Charlotte Teske einig, die allein durch Mund-zu-Mund-Propaganda ihre Projektgröße von 60 Marathon-Interessierten erreichen, bei einer kostendeckenden Gesamtgebühr von 300 DM.

Literaturverzeichnis

Bücher

H. Aschwer: Handbuch für Triathlon. Aachen: Meyer & Meyer 1998

B. Berendonk: Doping Dokumente. Von der Forschung zum Betrug. Heidelberg: Springer 1991

Hans-Albert Birkner, Johannes Roschinsky: Handbuch für Aqua-Jogging. Aachen: Meyer & Meyer 1998

F. Brouns: Aspekte der Dehydration und Rehydration im Sport. In: Die Ernährungsbedürfnisse von Sportlern. Heidelberg: Springer 1994

Robert De Castella: Laufen, mein Leben. Aachen: Meyer & Meyer 1986

Frank Czioska: Der optimale Laufschuh. Aachen: Meyer & Meyer 1999

Deutscher Leichtathletik-Verband: Aktuelle Trainingsgrundlagen des Hochleistungstrainings. Darmstadt 1991

Hans Eberspächer: Mentales Training. Ein Handbuch für Trainer und Sportler. München: sportinform-Verlag 1995

Sally Edwards: Leitfaden zur Trainingskontrolle. Aachen: Meyer & Meyer 1997

Joe Ellis: Laufen ohne Risiko. Wie Sie typische Verletzungen vermeiden, behandeln und heilen. München: BLV 1995

Peter Greif: Countdown zur Bestzeit. Seesen 1990

Manfred Grosser/Stephan Starischka: Das neue Konditionstraining. München: BLV, 7. Aufl. 1998

Kuno Hottenrott: Ausdauertraining. Lüneburg: Verlag Wehdenmeier & Pusch 1994

Kuno Hottenrott: Duathlontraining. Aachen: Meyer & Meyer 1998

Kuno Hottenrott/Martin Zülch: Ausdauertrainer Laufen. Training mit System. Reinbek: Rowohlt 1997

W. Joch (Hrsg.): Rahmentrainingsplan für das Aufbautraining Lauf. Edition Leichtathletik Nr. 3. Aachen: Meyer & Meyer 1992

D. Kleinmann: Das Lauf-Gesundheits-Buch. Erkrath: Spiridon - Verlag 1987

Peter Konopka: Spaternährung. Leistungsförderung durch vollwertige und bedafsangepasste Ernährung. München: BLV, 7. Aufl. 1998

A. Lydiard: Das systematische Mittel- und Langstreckentraining. Berlin: Bartels und Wernitz 1985

Georg Neumann/Arndt Pfützner/ Kuno Hottenrott: Alles unter Kontrolle. Ausdauertraining. Aachen: Meyer & Meyer 1999

Georg Neumann: Ernährung im Sport. Aachen: Meyer & Meyer 1998

Georg Neumann/Arndt Pfützner/ Anneliese Berbalk: Optimiertes Ausdauertraining. Aachen: Meyer & Meyer 1999

Ulrich Pramann: Kleine Philosophie der Passionen. Laufen. München: dtv 1998

Wilfried Raatz/W. Münzel: Berglauf-Journal 1996. Niedernhausen: wus-media 1996

A. Ross: Du siehst noch gut aus. Rossdorf: AC Rime Verlag 1998

J. Schiffer: Leistungsbestimmende Faktoren im Marathonlauf. Informationen zum Leistungssport Band 2, Deutscher Sportbund, Bundesausschuss Leistungssport. Frankfurt 1986

Achim Schmidt: Trainingsplaner Ausdauersport. Aachen: Meyer & Meyer 1997

Manfred Steffny: Marathontraining. Mainz: Schmidt 1999

Dagmar Sternad: Richtig Stretching. München: BLV, 8. Aufl. 2000

E. Vellage: Läuferin, Langstreckenläuferin, Marathonläuferin. Bruchhausen-Vilsen: VolksSport-Verlag 1995

Thomas Wessinghage: Laufen. Der Ratgeber für Ausrüstung, Technik, Training, Ernährung und Laufmedizin. München: BLV, 4. Aufl. 1999

Franz Wöllzenmüller: Richtig Jogging. München: BLV, 9. Aufl. 1999

Fritz Zintl: Ausdauertraining. Grundlagen, Methoden, Trainingssteuerung. München: BLV, 4. Aufl. 1997

Fachzeitschriften

Condition, Ratgebermagazin für Lauf- und Ausdauersport. Aachen: Meyer & Meyer

Finisher. Zeitschrift für den modernen Ausdauersport. CH–Effretikon: BK Sport Promotion

Fit for Life, Magazin für Fitness, Lauf- und Ausdauersport. CH–Aarau: AZ Fachverlage

Laufsport Magazin. A–Herzogenburg: LW Werbe- und Verlagsgesellschaft

Laufzeit, Journal für Laufen, Triathlon und Fitnesstraining. Berlin: Laufzeit Leserservice

Leichtathletik. Organ des Deutschen Leichtathletikverbands. Köln: Stoof Verlag

Runner's World, Hamburg: Runner's World Leserservice

Running & Walking Magazin. Freiburg: WAG's Running & Walking

Skilanglauf/Triathlon/Marathon... das Magazin für Ausdauersportler. Marienheide: Brinkmann Verlag

Spiridon, Laufmagazin. Düsseldorf: Spiridon